Descubra Juegos Gratis Online

Disponibles Aquí:

BestActivityBooks.com/FREEGAMES

5 CONSEJOS PARA EMPEZAR

1) CÓMO RESOLVER LAS SOPA DE LETRAS

Los rompecabezas tienen un formato clásico:

- Las palabras se ocultan sin espacios ni guiones,...
- Orientación: Las palabras pueden escribirse hacia delante, hacia atrás, hacia arriba, hacia abajo o en diagonal (pueden estar invertidas).
- Las palabras pueden superponerse o cruzarse.

2) APRENDIZAJE ACTIVO

Junto a cada palabra hay un espacio para anotar la traducción. Para fomentar un aprendizaje activo, un **DICCIONARIO** al final de esta edición te permitirá comprobar y ampliar tus conocimientos. Busca y anota las traducciones, encuéntralas en el puzzle y añádelas a tu vocabulario!

3) MARCAR LAS PALABRAS

Puedes inventar tu propio sistema de marcado. ¿Quizás ya usas uno? También puedes, por ejemplo, marcar las palabras difíciles de encontrar con una cruz, las que te gustan con una estrella, las nuevas con un triángulo, las raras con un diamante, etc.

4) ESTRUCTURAR EL APRENDIZAJE

Esta edición ofrece un **CUADERNO DE NOTAS** muy práctico al final del libro. En vacaciones, de viaje o en casa, podrás organizar fácilmente tus nuevos conocimientos sin necesidad de un segundo cuaderno!

5) ¿HABÉIS TERMINADO TODAS LAS PARRILLAS?

En las últimas páginas de este libro, en la sección **DESAFÍO FINAL**, encontrarás un juego gratis!

¡Rápido y sencillo! Echa un vistazo a nuestra colección de libros de actividades para tu próximo momento de diversión y aprendizaje, ¡a sólo un clic de distancia!

Encuentre su próximo reto en:

BestActivityBooks.com/MiProximoLibro

En sus marcas, listos, ¡Ya!

¿Sabías que hay unas 7.000 lenguas diferentes en el mundo? Las palabras son preciosas.

Nos encantan los idiomas y hemos trabajado duro para crear libros de la más alta calidad para tí. ¿Nuestros ingredientes?

Una selección de temas adecuados para el aprendizaje, tres buenas porciones de entretenimiento, y luego añadimos una cucharada de palabras difíciles y una pizca de palabras raras. Los servimos con cariño y máxima diversión para que puedas resolver los mejores juegos de palabras y te diviertas aprendiendo!

Tu opinión es esencial. Puedes participar activamente en el éxito de este libro dejándonos un comentario. Nos encantaría saber qué es lo que más le ha gustado de esta edición.

Aquí hay un enlace rápido a tu página de pedidos:

BestBooksActivity.com/Opiniones50

Gracias por tu ayuda y diviértete!

Todo el equipo

1 - Ajedrez

```
D S O W P B S O H A P P T J
C Ó P E P H K E Z U O A A Á
E L L E N F É L C C N S N T
E T L P D K T Á T C T S U É
Y Á V H S B Á X L G O Z L K
E G K L Y S J H R D K Í N O
K O Y L Á B A Z S L O V I S
O I P I E N I Ő S Y R Z J I
N Z R S T R A T É G I A A E
J O P Á T O R N A W F M S T
A E L T L F E H É R Y D I E
B O K O S Y L Á R I K D G K
G U F J G Y N E S R E V X E
C W T M V F N Ő D I A F P F
```

TANULNI	ELLENFÉL
FEHÉR	PASSZÍV
BAJNOK	PONTOK
VERSENY	SZABÁLYOK
ÁTLÓS	KIRÁLYNŐ
STRATÉGIA	KIRÁLY
OKOS	ÁLDOZAT
JÁTÉK	IDŐ
JÁTÉKOS	TORNA
FEKETE	

2 - Agua

```
K  P  M  U  P  V  N  B  Ö  W  V  W  G  S
C  O  H  P  Á  Z  Á  Y  N  A  H  U  Z  N
I  I  M  I  R  A  K  U  T  H  F  D  A  R
G  D  X  Á  O  J  I  E  Ö  I  H  A  T  Ó
Ő  N  E  K  L  G  R  E  Z  P  H  U  J  H
Z  P  I  G  G  L  R  S  É  Í  I  P  B  K
J  É  G  J  Á  G  U  Ő  S  E  V  D  E  N
K  I  Z  F  S  R  H  H  I  R  M  R  R  G
Z  Z  P  C  S  A  T  O  R  N  A  L  Á  E
F  E  M  O  N  S  Z  U  N  T  I  U  K  J
M  O  L  A  T  R  A  T  A  R  Á  P  N  Z
I  G  L  T  U  T  Ó  G  O  T  W  N  R  Í
S  T  L  Y  B  N  H  Z  F  A  G  Y  N  R
Y  J  L  J  Ó  Ó  C  E  Á  N  X  X  V  M
```

CSATORNA	TÓ
ZUHANY	ESŐ
PÁROLGÁS	MONSZUN
GEJZÍR	HÓ
FAGY	ÓCEÁN
JÉG	HULLÁMOK
PÁRATARTALOM	IHATÓ
HURRIKÁN	ÖNTÖZÉS
NEDVES	FOLYÓ
ÁRVÍZ	GŐZ

3 - Arqueología

```
Z  W  P  R  O  F  E  S  S  Z  O  R  S  R
K  Y  S  Z  A  K  É  R  T  Ő  T  Y  Í  A
R  E  J  T  É  L  Y  R  N  M  E  U  R  O
W  L  E  T  T  E  T  J  E  L  E  F  L  E
C  S  O  N  T  O  K  G  L  S  R  D  T  Ó
K  O  R  S  Z  A  K  F  T  I  P  V  E  K
K  B  N  É  R  T  É  K  E  L  É  S  M  O
X  U  G  H  U  É  R  B  R  I  Y  É  P  R
N  G  T  B  G  F  V  P  E  Z  G  Z  L  S
F  P  T  A  P  A  S  C  M  S  M  M  O  A
P  R  J  G  T  G  M  D  S  S  H  E  M  M
J  M  P  I  N  Ó  S  Y  I  O  X  L  I  M
E  R  E  K  L  Y  E  T  L  F  V  E  U  H
C  I  V  I  L  I  Z  Á  C  I  Ó  U  L  B
```

ELEMZÉS	FOSSZILIS
ÓKOR	CSONTOK
ÉV	KUTATÓ
CIVILIZÁCIÓ	REJTÉLY
ISMERETLEN	ELFELEJTETT
CSAPAT	PROFESSZOR
KORSZAK	EREKLYE
ÉRTÉKELÉS	TEMPLOM
SZAKÉRTŐ	SÍR

4 - Granja #2

```
B R É T Ö N T Ö Z É S T W J
A Á K U K O R I C A I E B N
E W R O T Z S Á P Z F J C G
B T S Á U T S T V Ú L X Z A
G A J C N I A V N B X B O W
Á Y D G S Y K O T A L L Á D
N R Ü S C W H E R G A Z D A
Ö T P M L J É A A Y T C I S
V G W A Ö D M I K G J X V C
É A W E M L C A T Y A D B A
N I E U Ü E C T O F P M T K
Y O J A Y L T S R X V W I G
I U U E G I C H Ö J F T O Y
W J H O G T N S H S L Á M A
```

GAZDA	KUKORICA
ÁLLATOK	JUH
ÁRPA	PÁSZTOR
MÉHKAS	KACSA
BÁRÁNY	RÉT
GYÜMÖLCS	ÖNTÖZÉS
PAJTA	TRAKTOR
GYÜMÖLCSÖS	BÚZA
TEJ	NÖVÉNYI
LÁMA	

5 - La Empresa

A	S	F	B	B	E	M	U	T	A	T	Á	S	M
D	Z	K	T	E	V	Í	T	A	V	O	N	N	I
Ö	A	R	R	O	V	U	T	O	F	G	N	C	N
N	K	E	E	A	D	É	D	K	J	P	U	P	Ő
T	M	A	N	W	X	L	T	V	N	J	T	A	S
É	A	T	D	B	Z	S	K	E	B	X	M	H	É
S	I	Í	É	T	C	H	O	O	L	Y	X	J	G
G	A	V	K	H	A	L	A	D	Á	S	B	É	R
T	H	T	G	É	S	Ő	T	E	H	E	L	Ü	H
Z	R	F	K	H	M	B	J	J	I	J	T	Z	Í
S	Á	Z	Á	H	U	R	E	B	R	U	A	L	R
X	G	T	T	D	Z	I	E	N	V	A	K	E	N
F	O	R	R	Á	S	O	K	T	O	K	P	T	É
K	O	C	K	Á	Z	A	T	O	K	H	O	I	V

MINŐSÉG	BEMUTATÁS
KREATÍV	TERMÉK
DÖNTÉS	SZAKMAI
IPAR	HALADÁS
BEVÉTEL	FORRÁSOK
INNOVATÍV	HÍRNÉV
BERUHÁZÁS	KOCKÁZATOK
ÜZLETI	BÉR
LEHETŐSÉG	TRENDEK

6 - Mueble

```
P  P  M  G  B  U  I  R  L  A  Z  A  U  V
J  A  K  A  W  U  W  A  C  A  N  R  Á  P
W  P  A  L  T  E  I  E  B  D  Ó  M  O  K
L  L  N  G  T  R  L  K  O  C  L  O  P  Á
Á  A  A  D  H  N  A  L  E  P  M  I  A  N
M  N  P  H  C  N  I  C  J  V  D  R  D  R
P  O  É  F  Ü  G  G  Ő  Á  G  Y  E  S  Á
A  K  T  Ü  K  Ö  R  F  S  V  G  B  Z  P
Y  É  S  K  S  Y  C  R  O  L  Á  R  Ő  F
O  Z  M  F  G  R  A  U  D  T  L  E  N  U
G  S  U  F  O  M  P  G  B  V  E  U  Y  T
K  Ö  N  Y  V  E  S  P  O  L  C  L  E  O
F  Ü  G  G  Ö  N  Y  Ö  K  F  F  D  G  N
Í  R  Ó  A  S  Z  T  A  L  G  Y  H  E  F
```

SZŐNYEG	ÍRÓASZTAL
PÁRNA	TÜKÖR
ARMOIRE	KÖNYVESPOLC
PAD	POLCOK
ÁGY	FUTON
PÁRNÁK	FÜGGŐÁGY
MATRAC	LÁMPA
FÜGGÖNYÖK	SZÉK
KOMÓD	FOTEL
PAPLANOK	KANAPÉ

7 - Aviones

```
I  D  L  J  D  N  A  L  A  K  I  T  M  T
U  T  A  S  R  B  U  E  E  G  R  E  O  Ö
B  L  J  T  K  J  R  V  U  A  Á  R  T  R
W  X  P  Y  Ó  Z  A  E  A  Y  N  V  O  T
Y  L  H  B  G  L  Y  G  D  N  Y  E  R  É
L  É  G  K  Ö  R  I  Ő  Y  A  D  Z  B  N
R  A  Z  B  B  F  P  P  R  M  F  É  A  E
P  R  O  P  E  L  L  E  R  E  K  S  L  L
L  E  S  Z  Á  L  L  Á  S  Z  I  É  L  E
M  A  G  A  S  S  Á  G  Y  Ü  Z  T  O  M
L  E  G  É  N  Y  S  É  G  C  Ó  Í  N  U
H  I  D  R  O  G  É  N  M  L  J  P  K  Y
V  E  B  C  L  M  T  N  U  Z  A  É  W  V
H  A  J  G  H  U  S  H  N  L  H  V  K  Z
```

LEVEGŐ	BALLON
MAGASSÁG	PROPELLEREK
LESZÁLLÁS	HIDROGÉN
LÉGKÖR	TÖRTÉNELEM
KALAND	MOTOR
ÉG	HAJÓZIK
ÜZEMANYAG	UTAS
ÉPÍTÉS	PILÓTA
IRÁNY	LEGÉNYSÉG
TERVEZÉS	

8 - Tipos de Cabello

```
H G W N N F G E T D I V Ö R
N U D B N V É R F Y K É S Ö
G E L T H R Ó N I S Z K E D
O V Z L K U F F Y B T O T N
O S O N Á O Z M T E S N C Ö
F E H É R M P O Z M S Y X G
G A T S A V O A S Z Á R A Z
G X S Z B F T S S S Z Ő K E
W S Ü Ü A E T P K Z U Y M S
Y V Z R R H O S S Z Ú H P Y
K P E K N D N D I B O L J B
Y T A E A G O V O P U H A B
F Ü R T Ö K F E K E T E D C
E F E G É S Z S É G E S C O
```

FEHÉR	HULLÁMOS
FÉNYES	EZÜST
KOPASZ	GÖNDÖR
RÖVID	FÜRTÖK
VÉKONY	SZŐKE
SZÜRKE	EGÉSZSÉGES
VASTAG	SZÁRAZ
HOSSZÚ	PUHA
BARNA	FONOTT
FEKETE	ZSINÓR

9 - Ciencia Ficción

```
M  U  J  I  L  A  G  Ó  P  R  E  P  Z  O
S  S  E  T  T  M  T  I  M  O  D  D  L  I
F  I  K  M  T  L  F  Z  R  B  U  C  P  L
T  L  P  T  T  Ű  U  Ú  X  B  S  B  U  E
T  Á  V  O  L  I  Z  L  S  A  J  X  K  B
W  E  O  A  I  G  Ó  L  O  N  H  C  E  T
T  R  G  A  L  A  X  I  S  Á  U  D  V  E
B  O  L  Y  G  Ó  T  A  L  S  Ó  J  Y  L
F  A  N  T  A  S  Z  T  I  K  U  S  N  E
A  V  R  E  J  T  É  L  Y  E  S  M  Ö  Z
T  T  I  A  M  X  G  S  K  J  T  O  K  P
C  E  O  L  T  L  B  R  A  T  Z  Z  M  É
S  E  K  M  Á  U  T  Ó  P  I  A  I  V  K
E  N  I  A  I  G  R  O  B  O  T  O  K  E
```

ATOMI	KÖNYVEK
MOZI	REJTÉLYES
TÁVOLI	VILÁG
ROBBANÁS	JÓSLAT
FANTASZTIKUS	BOLYGÓ
TŰZ	REÁLIS
GALAXIS	ROBOTOK
ILLÚZIÓ	TECHNOLÓGIA
KÉPZELETBELI	UTÓPIA

10 - Circo

```
P  X  A  S  Y  L  É  G  G  Ö  M  B  Ö  K
P  R  T  I  Á  V  K  A  K  R  O  K  U  C
J  U  A  K  O  T  A  L  L  Á  J  K  U  S
U  N  B  C  Ó  H  O  B  M  C  A  Ü  A  Z
U  J  O  M  V  M  N  R  R  T  M  R  L  Ó
P  A  R  Á  D  É  É  K  U  D  O  T  I  R
A  V  K  O  B  X  Z  S  É  V  Ű  B  Y  A
F  S  A  B  J  R  Ő  L  G  N  O  S  Z  K
E  L  Ő  A  D  Á  S  N  X  J  P  R  E  O
Y  A  H  I  O  R  O  S  Z  L  Á  N  M  Z
Z  I  M  G  T  I  G  R  I  S  B  L  L  T
T  E  W  Á  C  J  U  X  C  S  Z  L  E  A
M  J  N  M  N  D  N  V  Y  K  O  S  J  T
E  W  K  E  K  E  L  E  F  Á  N  T  H  E
```

AKROBATA	MÁGIA
ÁLLATOK	BŰVÉSZ
CUKORKA	ZSONGLŐR
SÁTOR	MAJOM
PARÁDÉ	ELŐADÁS
ELEFÁNT	ZENE
SZÓRAKOZTAT	BOHÓC
NÉZŐ	TIGRIS
LÉGGÖMBÖK	JELMEZ
OROSZLÁN	TRÜKK

11 - Granja #1

```
C  M  V  F  A  Y  T  U  K  M  A  K  C  E
N  E  D  G  T  W  R  K  Y  G  I  Z  Z  F
V  R  G  N  T  J  Á  M  E  T  L  B  M  M
N  S  B  K  X  O  G  K  A  C  D  D  E  E
X  W  N  J  H  F  Y  S  W  P  S  K  Z  Z
C  S  I  R  K  E  A  F  Z  G  M  K  Ő  Ő
U  Z  K  R  U  T  K  O  G  A  M  D  E  G
L  I  M  F  B  E  S  D  C  I  M  M  U  A
M  R  Z  Ö  A  H  C  U  E  A  K  Á  X  Z
S  É  O  L  D  É  A  B  O  R  J  Ú  R  D
Z  X  Z  D  M  N  M  V  S  H  C  J  N  A
É  J  X  F  É  V  Í  Z  B  Z  B  R  M  S
N  L  L  L  H  E  X  A  K  W  W  A  M  Á
A  C  F  Ó  K  E  R  Í  T  É  S  V  D  G
```

MÉH	MACSKA
MEZŐGAZDASÁG	SZÉNA
VÍZ	MÉZ
RIZS	KUTYA
SZAMÁR	CSIRKE
LÓ	MAGOK
KECSKE	BORJÚ
MEZŐ	FÖLD
VARJÚ	TEHÉN
TRÁGYA	KERÍTÉS

12 - Camping

```
F  E  L  S  Z  E  R  E  L  É  S  X  R  V
J  Z  K  S  Z  Ű  I  R  K  S  V  N  O  A
K  A  L  A  N  D  T  T  A  L  N  D  V  D
F  J  N  K  R  I  V  Y  G  U  D  O  A  Á
H  Ü  K  A  B  I  N  D  H  O  L  D  R  S
Ó  T  G  T  E  R  M  É  S  Z  E  T  Á  Z
K  É  F  G  H  E  G  Y  F  K  C  V  L  A
A  R  P  S  Ő  L  W  Z  O  Ö  Á  R  L  T
L  K  T  X  B  Á  R  J  E  T  J  F  A  M
A  É  E  R  D  Ő  G  O  X  É  D  F  T  D
P  P  O  U  Z  H  M  Y  B  L  M  D  O  L
I  R  Á  N  Y  T  Ű  B  M  I  S  C  K  X
V  P  A  E  D  N  I  L  L  Á  M  P  A  R
R  S  O  K  C  F  E  P  U  F  V  W  D  M
```

ÁLLATOK	TŰZ
KALAND	FÜGGŐÁGY
FÁK	ROVAR
ERDŐ	TÓ
IRÁNYTŰ	LÁMPA
KABIN	HOLD
KENU	TÉRKÉP
VADÁSZAT	HEGY
KÖTÉL	TERMÉSZET
FELSZERELÉS	KALAP

13 - Fruta

```
G U D K N O I N S P Ő D N C
W U S Z T D Y A Á A S N E S
W I J S V W L R R P Z U K E
Z K X Á I X Z A G A I K T R
B U Ó N V L R N A J B P A E
J R G A U A O C B A A B R S
E Y N N I D F S A C R A I Z
B E A A A M L A R I A N N N
L O M C G V H P A T C Á Z Y
K Ö R T E H O J C R K N T E
S Z Ő L Ő S E K K O Y P M U
L G W P N A N L Á M H H C U
B O G Y Ó G D L V D K I V I
K Ó K U S Z D I Ó D Ó S S H
```

AVOKÁDÓ	ALMA
SÁRGABARACK	ŐSZIBARACK
BOGYÓ	DINNYE
CSERESZNYE	NARANCS
KÓKUSZDIÓ	NEKTARIN
MÁLNA	PAPAJA
GUJÁVAFA	KÖRTE
KIVI	ANANÁSZ
CITROM	BANÁN
MANGÓ	SZŐLŐ

14 - Geología

```
H Ó S K Í S N N E F L K K L
A R A F O K O R A L L A T T
S Í V F G N P O F V O L Y F
F Z L S M C T Ó V H L C A Ö
O J T Á Z H X I R G P I O L
S E D A V F H Z N H A U F D
S G O I L A R Ó E E K M W R
Z E U G N A L R A B N G I E
I Z Ó N A L G E S E V S V N
L I K T S O E M W N C T U G
I K O Y L Á T S I R K Z L É
S I O L V Z É Z K T Y H K S
K Ő U A B C R A V K O U Á Z
X L H C C S E P P K Ő K N Y
```

SAV
KALCIUM
RÉTEG
BARLANG
KONTINENS
KORALL
KRISTÁLYOK
KVARC
ERÓZIÓ
CSEPPKŐ

SZTALAGMITOK
FOSSZILIS
GEJZÍR
LÁVA
FENNSÍK
KŐ
SÓ
FÖLDRENGÉS
VULKÁN
ZÓNA

15 - Álgebra

```
E G Y S Z E R Ű S Í T É S L
U F S Ő Z E Y N É T I M H I
H J Y M P O K N U B F A E N
X G R C S R O F S L G R J E
K I T E V Ő O K Á R L G E Á
V Á L T O Z Ó B D D X A G R
W J P A M A F J L Y Y I Y I
P K S Z Á M X L O É A D E S
V É G T E L E N G M M F N K
N D L X F V Z W E Á P A L É
J E X H D E Z Z M T G N E P
F R Z Á R Ó J E L R O S T L
H Ö K I V O N Á S I M A H E
M T M E G F E J T X H B G T
```

NULLA	MÁTRIX
DIAGRAM	SZÁM
EGYENLET	ZÁRÓJEL
KITEVŐ	PROBLÉMA
TÉNYEZŐ	MEGFEJT
HAMIS	KIVONÁS
KÉPLET	EGYSZERŰSÍTÉS
TÖREDÉK	MEGOLDÁS
VÉGTELEN	VÁLTOZÓ
LINEÁRIS	

16 - Plantas

```
B A M B U S Z B A B I W O M
A K E R T Y M O R I Z S W B
K X V E R D V G Á R I V J O
I A G Á L I V Y N É V Ö N K
N T K E R D Ő Ó X T I X E O
A T W T N Ö V É N Y Z E T R
T P I C U M O H A B R O S W
O I C R Z S S W Y R E F Ű O
B H C T M F Z P Z L S I U E
D L J F R L O M B O Z A T K
T E E C N Á Y T S O R O B N
Z O S V L V G L U G C R T O
C M Y R É K Ö Y G R I L F A
T T K N G L M U A H F H A I
```

BOKOR	LOMBOZAT
FA	BAB
BAMBUSZ	BOROSTYÁN
BOGYÓ	FŰ
ERDŐ	LEVÉL
BOTANIKA	KERT
KAKTUSZ	MOHA
TRÁGYA	SZIROM
VIRÁG	GYÖKÉR
NÖVÉNYVILÁG	NÖVÉNYZET

17 - Suministros de Arte

```
C  K  Y  A  J  A  L  O  L  C  P  F  I  B
E  E  R  H  W  T  S  A  L  S  A  E  F  X
X  N  R  E  A  N  V  Z  C  P  P  S  I  B
L  Í  E  U  A  I  K  Í  T  B  Í  T  J  J
I  Z  L  R  Z  T  X  V  H  A  R  É  Z  E
A  S  E  T  Y  Á  I  I  G  M  L  K  A  R
R  A  D  Í  R  U  K  V  H  H  J  E  G  Z
V  R  J  K  S  U  R  M  I  S  H  K  Y  A
C  E  K  E  T  E  S  C  E  T  I  É  A  K
Z  M  Ó  T  Z  S  A  G  A  R  Á  Z  G  R
O  A  J  E  V  L  W  Z  Z  E  O  S  B  I
I  K  E  L  L  E  R  A  V  K  A  F  A  L
F  E  S  T  Ő  Á  L  L  V  Á  N  Y  F  N
E  E  M  Ö  P  A  S  Z  T  E  L  L  D  R
```

OLAJ	KREATIVITÁS
AKRIL	ÖTLETEK
AKVARELLEK	CERUZÁK
VÍZ	ASZTAL
AGYAG	PAPÍR
RADÍR	PASZTELL
FESTŐÁLLVÁNY	RAGASZTÓ
KAMERA	FESTÉKEK
ECSETEK	SZÉK
SZÍNEK	TINTA

18 - Negocio

```
Ü  E  V  H  S  M  A  N  I  P  P  C  K  K
G  Z  N  É  P  U  D  M  T  L  É  I  Ö  Ö
L  M  L  B  E  N  Ó  U  N  B  N  R  L  L
J  J  S  E  H  K  K  Y  X  R  Z  O  T  T
Ó  K  Y  Y  T  A  A  Y  U  E  Ü  D  S  S
T  R  A  N  Z  A  K  C  I  Ó  G  A  É  É
A  E  A  É  V  W  L  M  K  X  Y  P  G  G
T  I  Z  M  A  A  E  A  G  Y  Á  R  M  V
L  R  M  Z  H  F  L  B  L  B  C  B  G  E
Á  R  N  E  E  C  F  U  Y  L  D  A  P  T
K  A  M  V  J  G  K  V  T  V  Á  I  W  É
N  K  N  D  J  T  J  V  A  A  H  V  G  S
U  L  P  E  S  Z  E  M  É  L  Y  Z  E  T
M  X  W  K  E  L  A  D  Á  S  P  Á  R  U
```

KARRIER	ÁRU
KÖLTSÉG	VALUTA
KEDVEZMÉNY	IRODA
PÉNZ	SZEMÉLYZET
MUNKÁLTATÓ	KÖLTSÉGVETÉS
VÁLLALAT	ÜZLET
GYÁR	MUNKA
PÉNZÜGY	TRANZAKCIÓ
ADÓK	ELADÁS

19 - Jardín

```
F  G  V  C  T  P  E  Y  G  Á  R  I  V  T
Ü  P  X  F  O  Y  Y  J  A  L  A  T  T  Ö
G  J  A  A  R  L  L  A  R  S  Y  C  R  M
G  L  U  D  N  G  B  T  Á  P  A  L  A  L
Ő  W  Z  C  Á  E  E  R  Z  P  A  G  M  Ő
Á  N  B  H  C  R  R  E  S  L  X  Y  B  K
G  J  G  X  O  S  E  K  F  D  L  O  U  E
Y  Y  Z  S  X  Z  G  B  I  E  N  M  L  R
T  A  V  A  C  S  K  A  R  U  K  O  I  Í
O  C  K  N  I  A  B  F  A  F  L  K  N  T
N  G  R  R  V  R  G  O  S  W  Ő  P  Z  É
Z  W  O  F  S  E  V  R  K  S  L  Y  W  S
R  T  P  O  G  T  X  M  C  O  V  Z  U  D
G  Y  Ü  M  Ö  L  C  S  Ö  S  R  N  C  P
```

BOKOR	KERT
FA	GYOMOK
PAD	TÖMLŐ
GYEP	LAPÁT
TAVACSKA	TORNÁC
VIRÁG	GEREBLYE
GARÁZS	TALAJ
FÜGGŐÁGY	TERASZ
FŰ	TRAMBULIN
GYÜMÖLCSÖS	KERÍTÉS

20 - Países #2

```
P O R O S Z O R S Z Á G R K
U O J U E U N M G L A O S Z
G H R V D N B N Á P A J P A
A S S T W H S K Z M G E A L
N R X Z U A H T S D A T K B
D F T V U G O B R Á A I I Á
A F N S D D Á R O N U Ó S N
M E X I K Ó Á L A I S P Z I
U K R A J N A N I A Z I T A
Í R O R S Z Á G C A T A Á I
U A I Z É N O D N I R A N R
J A M A I C A W A Z I A F Í
X K R I Z D P B R O A N B Z
J H Z H V U Z E F K S U S S
```

ALBÁNIA	LAOSZ
AUSZTRIA	MEXIKÓ
DÁNIA	PAKISZTÁN
ETIÓPIA	PORTUGÁLIA
FRANCIAORSZÁG	OROSZORSZÁG
INDONÉZIA	SZÍRIA
ÍRORSZÁG	SZUDÁN
JAMAICA	UKRAJNA
JAPÁN	UGANDA

21 - Números

```
N  Y  O  L  C  N  E  L  I  K  T  É  H  T
C  N  É  G  Y  P  H  I  B  Ő  I  A  W  I
T  Ö  N  E  Z  I  T  V  X  T  Z  A  H  Z
H  I  T  I  Z  E  N  H  A  T  E  Ö  T  E
K  Á  Z  C  Í  V  N  C  L  E  D  T  I  N
V  U  R  E  T  O  P  I  L  K  E  T  Z  H
A  H  V  O  N  R  S  C  U  N  S  I  E  Á
E  H  A  D  M  N  I  Z  N  E  E  Z  N  R
D  K  O  I  V  I  Y  D  U  Z  B  E  K  O
K  E  T  T  Ő  S  J  O  I  I  H  N  I  M
V  W  E  N  C  H  C  I  L  T  Ú  H  L  L
T  I  Z  E  N  N  É  G  Y  C  S  É  E  Y
Z  R  U  M  F  O  P  C  N  V  Z  T  N  H
Z  G  T  B  L  B  G  H  Z  J  M  P  C  E
```

TIZENNÉGY	TIZENKETTŐ
NULLA	KETTŐ
ÖT	KILENC
NÉGY	NYOLC
TIZEDES	TIZENÖT
TIZENKILENC	HAT
TIZENNYOLC	HÉT
TIZENHAT	TIZENHÁROM
TIZENHÉT	HÁROM
TÍZ	HÚSZ

22 - Física

```
S  Ű  R  Ű  S  É  G  E  M  Ö  T  G  N  M
R  E  L  A  T  I  V  I  T  Á  S  Á  U  Á
K  É  M  I  A  I  E  U  H  K  I  Z  K  G
F  D  G  R  A  V  I  T  Á  C  I  Ó  L  N
M  E  C  H  A  N  I  K  A  K  A  D  E  E
B  H  R  X  J  T  N  L  E  Á  W  H  Á  S
N  L  H  A  G  E  V  N  K  O  L  F  R  E
E  G  Y  E  T  E  M  E  S  S  V  L  I  S
A  L  U  K  E  L  O  M  C  Z  J  W  S  S
M  O  T  O  R  E  T  T  E  L  P  É  K  É
G  J  V  R  D  M  A  Z  Z  V  Z  J  B  G
G  Y  O  R  S  U  L  Á  S  E  B  X  I  Y
S  E  B  E  S  S  É  G  É  A  O  V  D  I
I  I  G  E  G  J  N  O  R  T  K  E  L  E
```

GYORSULÁS	MECHANIKA
ATOM	MOLEKULA
KÁOSZ	MOTOR
SŰRŰSÉG	NUKLEÁRIS
ELEKTRON	RÉSZECSKE
KÉPLET	KÉMIAI
GÁZ	RELATIVITÁS
GRAVITÁCIÓ	EGYETEMES
MÁGNESESSÉG	SEBESSÉG
TÖMEG	

23 - Belleza

```
N  U  P  J  N  Í  Z  S  C  B  Á  J  T  E
E  O  K  K  O  Z  M  E  T  I  K  A  Ü  L
O  L  L  Ó  P  W  E  F  L  J  O  P  K  E
E  E  V  Z  M  W  L  Ü  S  W  J  R  Ö  G
F  L  W  G  A  R  E  R  T  O  A  F  R  A
D  I  E  C  S  K  Y  T  Y  T  L  O  B  N
T  P  E  G  K  A  G  Ö  L  L  O  T  O  C
X  P  Y  T  Á  R  E  K  I  O  R  O  U  I
L  R  Ú  Z  S  N  K  C  S  S  L  G  X  A
O  Ő  S  I  Y  H  S  S  T  K  N  É  O  N
C  B  S  I  W  U  O  G  M  X  S  N  H  S
C  R  B  T  M  C  S  F  Z  I  C  T  B  V
F  M  A  V  T  A  L  L  I  V  N  C  N  I
W  G  T  E  R  M  É  K  E  K  U  K  C  P
```

OLAJOK	ILLAT
SAMPON	KEGYELEM
SZÍN	SMINK
KOZMETIKA	BŐR
ELEGANCIA	RÚZS
ELEGÁNS	TERMÉKEK
BÁJ	FÜRTÖK
TÜKÖR	SIMA
STYLIST	OLLÓ
FOTOGÉN	

24 - Países #1

```
A R G E N T Í N A M A N A P
E N I C A R A G U A S U I P
O L A S Z O R S Z Á G V B V
H O N D U R A S V K T U Í D
N É M E T O R S Z Á G H L R
L E N G Y E L O R S Z Á G A
M V E N E Z U E L A M A L I
R A I L Í Z A R B U T C D G
G P R F I N N O R S Z Á G É
I C R O D A U C E J R I Y V
N G V C K B E L G I U M Y R
D F Z D F K K A N A D A I O
I S K U V F Ó Z S X G T Z N
A V P M Z A E G Y I P T O M
```

NÉMETORSZÁG	OLASZORSZÁG
ARGENTÍNA	LÍBIA
BELGIUM	MALI
BRAZÍLIA	MAROKKÓ
KANADA	NICARAGUA
ECUADOR	NORVÉGIA
EGYIPTOM	PANAMA
FINNORSZÁG	LENGYELORSZÁG
HONDURAS	VENEZUELA
INDIA	

25 - Mitología

```
F  S  H  M  T  H  Y  N  Y  J  Y  M  H  M
T  É  Y  E  O  Ő  Y  H  N  U  N  Á  Z  X
E  T  L  H  A  S  H  A  R  Ú  T  L  U  K
R  M  K  T  E  R  Ő  R  Ö  M  F  L  A  K
E  E  E  A  É  Y  N  C  Z  E  A  I  R  I
M  R  M  B  T  K  A  O  S  N  I  V  C  M
T  E  L  C  L  A  E  S  P  N  X  D  H  L
M  T  E  S  H  W  S  N  G  Y  X  I  E  E
É  C  D  F  K  N  B  Z  Y  G  R  Y  T  G
N  K  E  G  É  S  N  E  T  S  I  M  Í  E
Y  W  I  R  T  Z  G  A  V  R  É  B  P  N
J  D  H  B  O  S  S  Z  Ú  U  Ó  G  U  D
M  E  N  N  Y  D  Ö  R  G  É  S  F  S  A
J  N  T  H  I  M  S  Ó  D  N  A  L  A  H
```

ARCHETÍPUS	ERŐ
FÉLTÉKENYSÉG	HARCOS
MENNY	HŐS
TEREMTÉS	LEGENDA
HIEDELMEK	SZÖRNY
TEREMTMÉNY	HALANDÓ
KULTÚRA	VILLÁM
ISTENSÉGEK	MENNYDÖRGÉS
KATASZTRÓFA	BOSSZÚ

26 - Ecología

```
K  T  E  Z  S  É  M  R  E  T  V  L  G  F
J  G  F  H  C  O  S  J  E  M  W  C  L  A
D  H  K  N  N  I  K  A  X  U  H  I  O  U
T  E  N  G  E  R  I  F  Y  L  Y  X  B  N
E  S  D  T  E  Z  Y  N  É  V  Ö  N  Á  A
T  Ú  L  É  L  É  S  R  H  L  A  U  L  D
F  O  R  R  Á  S  O  K  P  A  E  A  I  U
T  E  R  M  É  S  Z  E  T  E  S  S  S  T
K  Ö  Z  Ö  S  S  É  G  E  K  M  F  É  I
A  S  Z  Á  L  Y  X  A  D  K  O  A  W  G
É  L  Ő  H  E  L  Y  S  Y  E  C  J  W  X
É  G  H  A  J  L  A  T  E  S  S  T  N  U
Ö  N  K  É  N  T  E  S  E  K  Á  A  A  L
N  Ö  V  É  N  Y  E  K  I  E  R  E  X  C
```

ÉGHAJLAT	TERMÉSZET
KÖZÖSSÉGEK	MOCSÁR
SOKFÉLESÉG	NÖVÉNYEK
FAJ	FORRÁSOK
FAUNA	ASZÁLY
GLOBÁLIS	TÚLÉLÉS
ÉLŐHELY	FAJTA
TENGERI	NÖVÉNYZET
TERMÉSZETES	ÖNKÉNTESEK

27 - Casa

```
G  F  D  Z  P  Z  K  A  R  V  U  C  Y  E
A  S  C  A  T  U  X  O  J  T  R  O  B  Z
R  L  N  X  Y  H  B  N  N  I  P  D  H  K
Á  P  Ó  L  D  A  P  G  E  Y  N  Ő  Z  S
Z  Z  I  V  D  N  X  M  C  Z  H  T  H  K
S  W  L  M  Y  Y  C  P  N  C  F  A  Á  E
J  E  P  N  L  M  Ű  V  I  P  R  P  L  R
K  Ö  N  Y  V  T  Á  R  P  Ő  S  M  Ó  Í
P  A  D  L  Á  S  H  Ö  P  T  U  Á  S  T
R  A  Y  I  I  K  N  K  X  E  H  L  Z  É
B  U  S  E  V  N  B  Ü  C  T  S  A  O  S
W  F  J  C  H  R  C  T  R  E  K  J  B  C
A  B  L  A  K  L  O  F  A  L  S  T  A  X
O  Y  G  K  A  N  D  A  L  L  Ó  Ó  J  M
```

SZŐNYEG	CSAP
PADLÁS	KERT
KÖNYVTÁR	LÁMPA
KANDALLÓ	FAL
KONYHA	PADLÓ
HÁLÓSZOBA	AJTÓ
ZUHANY	PINCE
SEPRŰ	TETŐ
TÜKÖR	KERÍTÉS
GARÁZS	ABLAK

28 - Artes Visuales

```
É  P  Í  T  É  S  Z  E  T  P  C  N  U  M
V  Z  X  Z  D  F  L  S  S  U  N  E  É  Ű
S  V  H  A  K  C  Y  W  A  Z  X  G  R  V
N  G  P  É  K  Y  N  É  F  I  O  W  T  É
Ö  S  S  Z  E  T  É  T  E  L  V  B  R  S
L  X  N  V  A  C  M  A  S  L  Z  E  O  Z
E  A  Y  O  G  E  T  A  T  O  S  H  P  R
W  N  K  I  Y  R  S  M  E  T  Z  V  G  K
J  L  Y  K  A  U  E  D  N  R  J  U  A  E
M  B  R  S  G  Z  F  W  C  F  I  L  M  R
C  V  C  D  R  A  S  M  I  C  F  W  M  Á
M  E  S  T  E  R  M  Ű  L  O  B  T  Z  M
K  R  E  A  T  I  V  I  T  Á  S  W  N  I
F  E  S  T  Ő  Á  L  L  V  Á  N  Y  H  A
```

AGYAG	SZOBOR
ÉPÍTÉSZET	FÉNYKÉP
MŰVÉSZ	CERUZA
LAKK	MESTERMŰ
FESTŐÁLLVÁNY	FILM
VIASZ	FESTMÉNY
KERÁMIA	STENCIL
ÖSSZETÉTEL	TOLL
KREATIVITÁS	PORTRÉ

29 - Salud y Bienestar #2

```
F  M  E  R  M  G  E  N  E  T  I  K  A  S
E  G  Y  R  J  A  I  R  Ó  L  A  K  E  Ú
R  T  R  P  G  É  S  G  E  T  E  B  G  L
T  É  K  K  A  X  R  S  Z  Y  Y  E  É  Y
Ő  A  V  D  I  É  T  A  Z  G  T  D  S  K
Z  N  E  S  N  E  M  O  T  Á  T  T  Z  Ó
É  A  M  T  É  C  N  T  D  V  Z  G  S  R
S  T  É  R  I  J  D  E  L  T  F  S  É  H
L  Ó  S  E  G  L  L  E  R  É  C  O  G  Á
E  M  Z  S  I  E  M  T  X  G  N  G  E  Z
Z  I  T  S  H  X  V  O  L  H  I  M  S  I
V  A  É  Z  V  I  T  A  M  I  N  A  W  G
T  I  S  É  L  Ü  P  É  L  E  F  J  Y  J
A  L  L  E  R  G  I  A  P  G  L  O  G  R
```

ALLERGIA	HIGIÉNIA
ANATÓMIA	KÓRHÁZ
ÉTVÁGY	FERTŐZÉS
KALÓRIA	MASSZÁZS
DIÉTA	SÚLY
EMÉSZTÉS	FELÉPÜLÉS
ENERGIA	EGÉSZSÉGES
BETEGSÉG	VÉR
STRESSZ	VITAMIN
GENETIKA	

30 - Adjetivos #1

```
A  A  B  S  Z  O  L  Ú  T  B  K  W  Á  A
S  R  N  Z  J  C  C  K  B  K  O  L  R  U
E  I  O  A  K  T  Í  V  V  C  M  K  T  D
T  I  O  M  F  É  N  Y  E  S  O  Y  A  Z
N  H  I  S  Á  I  R  Ó  N  S  L  Y  T  X
I  A  V  X  Ú  S  S  A  L  W  Y  I  L  K
Z  F  G  N  U  Ű  K  L  E  L  Y  G  A  N
S  I  L  Y  M  H  Ó  Z  N  O  V  X  N  N
Ő  A  E  S  O  T  Ö  K  É  L  E  T  E  S
V  T  M  Y  D  É  U  N  Z  H  N  S  B  O
K  A  C  Y  E  T  Z  S  H  I  E  U  E  T
X  L  G  O  R  Ö  R  L  N  P  W  N  A  N
T  O  A  H  N  S  E  K  É  T  R  É  W  O
A  M  B  I  C  I  Ó  Z  U  S  J  N  H  F
```

ABSZOLÚT	FONTOS
AKTÍV	ÁRTATLAN
AMBICIÓZUS	FIATAL
AROMÁS	LASSÚ
VONZÓ	MODERN
FÉNYES	SÖTÉT
ÓRIÁSI	TÖKÉLETES
NAGYLELKŰ	NEHÉZ
NAGY	KOMOLY
ŐSZINTE	ÉRTÉKES

31 - Familia

```
F  R  É  V  T  S  E  T  S  U  S  K  R  G
X  É  S  S  N  Ő  A  M  A  M  Y  G  A  N
Z  V  R  A  A  K  U  P  P  P  U  M  V  F
H  T  R  J  G  R  V  I  A  F  Z  A  P  M
K  S  D  N  Y  T  U  O  I  N  É  N  G  H
E  E  I  X  B  O  N  R  T  I  W  D  P  Z
K  T  A  I  Á  X  O  M  O  D  A  M  D  A
E  A  T  W  C  S  K  E  M  R  E  Y  G  K
M  K  A  P  S  C  A  P  A  Y  G  A  N  X
R  O  X  H  I  A  H  U  N  O  K  A  V  A
E  N  A  O  F  S  Ú  L  Á  N  Y  A  X  A
Y  U  X  C  L  F  G  É  S  E  L  E  F  N
G  Y  E  R  M  E  K  K  O  R  L  J  V  Y
U  N  O  K  A  Ö  C  S  U  I  H  N  A
```

NAGYMAMA   UNOKA
NAGYAPA   GYERMEK
ŐS   GYERMEKEK
FELESÉG   APA
TESTVÉR   APAI
LÁNYA   UNOKATESTVÉR
GYERMEKKOR   UNOKAHÚG
ANYA   UNOKAÖCS
FÉRJ   NÉNI
ANYAI   NAGYBÁCSI

32 - Disciplinas Científicas

```
Z  B  E  V  O  K  É  M  I  A  Y  S  L  I
S  Z  O  C  I  O  L  Ó  G  I  A  D  T  Á
G  E  O  L  Ó  G  I  A  A  T  T  M  E  S
R  É  G  É  S  Z  E  T  I  A  P  K  R  V
Ö  R  S  G  W  Y  X  Z  G  I  A  O  M  Á
B  K  F  I  Z  I  O  L  Ó  G  I  A  O  N
O  D  O  B  R  M  X  Z  L  Ó  G  I  D  Y
T  B  G  L  R  M  M  U  O  L  Ó  M  I  T
A  U  F  O  Ó  W  G  B  R  O  L  Ó  N  A
N  G  Z  Y  A  G  K  Y  O  N  O  T  A  N
I  D  D  S  X  R  I  K  E  U  R  A  M  D
K  K  T  V  S  S  G  A  T  M  U  N  I  U
A  A  K  I  N  A  H  C  E  M  E  A  K  G
B  I  O  K  É  M  I  A  M  I  N  K  A  H
```

ANATÓMIA	MECHANIKA
RÉGÉSZET	METEOROLÓGIA
BIOKÉMIA	ÁSVÁNYTAN
BOTANIKA	NEUROLÓGIA
ÖKOLÓGIA	KÉMIA
FIZIOLÓGIA	SZOCIOLÓGIA
GEOLÓGIA	TERMODINAMIKA
IMMUNOLÓGIA	

33 - Cocina

```
F  K  C  F  H  Y  I  R  E  M  R  B  W  F
Ó  E  N  N  I  N  T  E  V  G  Y  N  G  Ű
C  S  É  S  Z  É  K  C  I  X  E  Ő  R  S
N  É  R  S  Ü  T  Ő  E  L  L  Ó  T  E  Z
U  K  S  O  O  Ö  Y  P  L  A  S  Ű  Z  E
F  C  T  Y  K  K  R  T  A  L  C  H  S  R
H  Ű  T  Ő  S  Z  E  K  R  É  N  Y  I  E
K  C  C  E  G  R  I  L  L  P  A  L  M  K
S  Z  A  L  V  É  T  A  Y  S  K  É  L  E
K  A  N  A  L  A  K  S  B  G  X  M  E  L
D  A  Y  J  M  E  R  Ő  K  A  N  Á  L  U
P  O  Z  O  M  Y  D  K  M  P  D  T  É  B
V  Í  Z  F  O  R  R  A  L  Ó  T  K  Á  T
K  B  R  J  S  Z  I  V  A  C  S  N  B  L
```

VÍZFORRALÓ	SÜTŐ
ENNI	KANCSÓ
ÉLELMISZER	GRILL
MÉLYHŰTŐ	RECEPT
KANALAK	HŰTŐSZEKRÉNY
MERŐKANÁL	SZALVÉTA
KÉSEK	KORSÓ
KÖTÉNY	CSÉSZÉK
FŰSZEREK	TÁL
SZIVACS	VILLA

34 - Moda

```
R  S  S  Z  E  R  É  N  Y  D  T  O  J  D
T  U  T  E  X  T  Ú  R  A  X  R  D  S  F
L  H  H  H  E  N  T  A  Z  Y  N  Á  R  I
U  F  A  Á  M  O  D  E  R  N  S  K  G  R
M  G  E  H  Z  W  P  S  É  Z  M  Í  H  A
O  É  P  C  P  A  M  Z  A  S  T  F  B  H
N  E  R  F  G  N  T  Ö  R  Y  E  F  U  C
I  R  W  É  V  Y  V  V  S  U  L  Í  T  S
F  E  H  Y  S  Ű  R  E  Z  S  Y  G  E  N
I  D  I  R  M  E  A  T  N  I  M  L  O  Á
K  E  T  C  G  L  K  I  T  U  B  P  V  G
P  T  H  S  T  F  O  D  C  S  I  P  K  E
R  I  G  G  O  M  B  O  K  Z  M  D  U  L
M  I  N  I  M  A  L  I  S  T  A  I  I  E
```

HÍMZÉS	SZERÉNY
GOMBOK	EREDETI
BUTIK	MINTA
DRÁGA	RUHÁZAT
ELEGÁNS	EGYSZERŰ
CSIPKE	KIFINOMULT
STÍLUS	SZÖVET
MÉRÉSEK	IRÁNYZAT
MINIMALISTA	TEXTÚRA
MODERN	

35 - Salud y Bienestar #1

```
K É H S É G F P P V K O K M
O M A G A S S Á G Í E R I U
T X J O I C V Z W R Z V K F
N E M V H P N H P U E O A H
O L S Í F O U X F S L S P O
S F O T S Z O K Á S É S C R
C E V K T X S P I Y S Á S M
F R R A K A É F O J Z G O O
E K O M U I R É T K A B L N
P L A C E P Ö T A J J H Ó O
I Z M O K Á T W Á B Ő R D K
F P T Y B R S C S S N O Á W
I Z I Z G E A Z I Y B G S M
G Y J J E T K L I N I K A G
```

AKTÍV
MAGASSÁG
BAKTÉRIUMOK
KLINIKA
ORVOS
TÖRÉS
ÉHSÉG
SZOKÁS
HORMONOK
CSONTOK

ORVOSSÁG
IZMOK
BŐR
TESTTARTÁS
REFLEX
KIKAPCSOLÓDÁS
TERÁPIA
KEZELÉS
VÍRUS

36 - Adjetivos #2

```
G J E J B S E K E D R É D C
A F Ú J Ü E Ó R C E S A R U
G Ű Y O S T R O O V E T Á U
N S I M Z E Í Ő C J G Z M V
W Z Z A K Z E N S E É T A B
K E H P E S L L N S S E I S
R R F W Z É Ő T Á V Z R E Z
E E S O D M V L G K S M I A
A S H U V R W Á E B É E Y R
T S L Í W E V M L L G L M Á
Í I N A R T A R E X E Ő V Z
V R F I E E J O B V R F R S
Y F T M N M S N E H E T Ő Ó
G F Á R A D T G W O W F V S
```

FÁRADT	TERMÉSZETES
EHETŐ	NORMÁL
KREATÍV	ÚJ
LEÍRÓ	BÜSZKE
DRÁMAI	FŰSZERES
ELEGÁNS	TERMELŐ
HÍRES	FELELŐS
FRISS	SÓS
ERŐS	EGÉSZSÉGES
ÉRDEKES	SZÁRAZ

37 - Cuerpo Humano

```
Y  S  E  B  Á  U  K  H  K  H  V  B  X  N
M  J  C  Ő  L  V  S  S  Z  Á  J  D  T  Y
L  C  N  R  L  M  E  Z  S  R  F  A  R  A
A  J  K  M  A  J  N  É  Í  É  F  Z  W  K
K  Ö  N  Y  Ö  K  Y  K  Z  V  T  É  R  D
O  S  S  T  G  X  E  L  Ü  F  E  D  Y  Y
B  R  Y  P  A  A  L  O  E  E  D  H  D  P
R  T  E  L  L  Á  V  R  Z  J  I  V  S  L
O  C  U  Z  R  O  H  R  H  C  Z  L  M  O
E  W  B  I  K  X  R  T  I  X  A  Z  G  I
Z  U  W  B  N  D  G  M  Y  G  J  T  A  D
F  A  Y  X  R  H  I  T  S  V  U  J  J  G
K  D  H  M  L  I  T  K  G  V  J  C  O  A
C  R  J  D  A  O  K  R  J  L  Á  B  N  U
```

ÁLL	NYELV
SZÁJ	KÉZ
FEJ	ORR
ARC	SZEM
AGY	FÜL
KÖNYÖK	BŐR
SZÍV	LÁB
NYAK	TÉRD
UJJ	VÉR
VÁLL	BOKA

38 - Ciencia

```
F  T  O  K  S  Z  E  R  V  E  Z  E  T  G
O  U  L  A  B  O  R  A  T  Ó  R  I  U  M
S  D  A  K  É  M  I  A  I  S  L  M  I  X
S  Ó  O  V  Y  I  T  P  X  É  E  A  G  L
Z  S  B  L  E  K  E  V  O  L  Ú  C  I  Ó
I  A  T  O  M  É  L  F  T  E  F  N  M  É
L  H  R  V  F  K  R  I  É  Y  N  Ö  O  G
I  J  C  J  L  S  É  Z  N  G  J  V  L  H
S  A  D  A  T  C  S  I  Y  I  I  É  E  A
C  W  U  C  O  E  Í  K  V  F  I  N  K  J
V  Z  T  H  H  Z  K  A  W  G  A  Y  U  L
A  N  T  E  Z  S  É  M  R  E  T  E  L  A
H  I  P  O  T  É  Z  I  S  M  P  K  Á  T
S  X  G  E  X  R  E  Z  S  D  Ó  M  K  U
```

ATOM	LABORATÓRIUM
TUDÓS	MÓDSZER
ÉGHAJLAT	MOLEKULÁK
ADAT	TERMÉSZET
EVOLÚCIÓ	MEGFIGYELÉS
KÍSÉRLET	SZERVEZET
FIZIKA	RÉSZECSKÉK
FOSSZILIS	NÖVÉNYEK
TÉNY	KÉMIAI
HIPOTÉZIS	

39 - Restaurante #2

```
L  K  Z  M  T  M  L  G  E  G  V  P  S  C
E  A  Ö  P  H  O  R  É  C  N  I  P  U  T
V  N  L  N  A  N  R  P  I  B  L  A  T  I
E  Á  D  B  L  I  W  T  U  L  L  U  G  E
S  L  S  I  B  F  P  O  A  C  A  I  O  O
Á  Y  É  L  E  T  É  Ő  L  E  T  F  X  C
J  F  G  L  B  V  U  K  R  C  Á  J  G  Y
O  D  E  X  É  D  A  C  É  A  L  T  M  C
T  J  K  A  D  T  Y  C  J  Z  A  G  S  A
F  Ű  S  Z  E  R  E  K  S  J  S  J  É  G
C  B  B  Í  B  H  J  K  Y  O  Ó  B  Z  N
X  A  M  V  X  C  E  S  R  T  R  D  S  Z
G  Y  Ü  M  Ö  L  C  S  V  K  E  A  J  F
O  F  C  I  I  O  T  U  R  I  N  S  H  P
```

VÍZ	GYÜMÖLCS
EBÉD	JÉG
ELŐÉTEL	TOJÁS
ITAL	TORTA
PINCÉR	HAL
VACSORA	SÓ
KANÁL	SZÉK
FINOM	LEVES
SALÁTA	VILLA
FŰSZEREK	ZÖLDSÉGEK

40 - Profesiones #1

```
C S O R V O S Ó D U T J T C
S T Z E D Z Ő A T L É T A R
I Ű S E T É R K É P É S Z M
L Z É T R Z W P E K Z S Y P
L O N Á Z K K F S G J S N F
A L E N Ü T E V Ö K Y G A N
G T Z C G F D S V A D Á S Z
Á Ó Z O Y L J L Z X C L C B
S A C S V X T A O T D L F A
Z E U S É Á P O L Ó Ő W W N
H B B H D G E O L Ó G U S K
P S Z I C H O L Ó G U S S Á
É K S Z E R É S Z Z C Z A R
Z O N G O R I S T A N J L B
```

ÜGYVÉD	SZERKESZTŐ
CSILLAGÁSZ	NAGYKÖVET
ATLÉTA	ÁPOLÓ
TÁNCOS	EDZŐ
BANKÁR	GEOLÓGUS
TŰZOLTÓ	ÉKSZERÉSZ
TÉRKÉPÉSZ	ZENÉSZ
VADÁSZ	ZONGORISTA
TUDÓS	PSZICHOLÓGUS
ORVOS	

41 - Vehículos

```
T  M  O  T  O  R  O  T  K  A  R  T  R  H
K  A  R  C  K  E  T  X  Y  Ó  T  U  A  R
M  O  X  F  O  T  R  N  Z  R  W  D  K  E
R  O  X  I  M  P  R  P  S  T  C  G  É  P
Y  Ó  L  F  P  O  H  O  U  E  P  P  T  Ü
K  J  Y  C  F  K  P  Z  B  M  A  Z  A  L
I  A  Y  C  U  I  T  E  N  O  O  Z  K  Ő
M  H  M  C  G  L  U  F  J  I  G  Z  E  G
U  I  A  I  C  E  T  U  S  B  Y  Ó  R  É
G  M  F  S  O  H  A  R  M  X  G  B  É  P
V  O  N  A  T  N  J  G  Y  L  O  L  K  R
M  M  X  H  O  Y  Z  O  L  D  H  E  P  O
X  Ó  T  U  A  Ő  T  N  E  M  W  I  Á  V
L  A  K  Ó  K  O  C  S  I  X  F  H  R  G
```

MENTŐAUTÓ	KOMP
BUSZ	FURGON
REPÜLŐGÉP	HELIKOPTER
TUTAJ	METRÓ
HAJÓ	MOTOR
KERÉKPÁR	GUMIK
KAMION	ROBOGÓ
LAKÓKOCSI	TAXI
AUTÓ	TRAKTOR
RAKÉTA	VONAT

42 - Geometría

```
U W T L L M I O G K X I T K
Z P M Y I O A F E L Ü L E T
G P S S F Z G G Y G G L L M
R I O N W D Ö I A C Ö B É E
T Ö M E G I Z W K S Z Y M D
D Á A M K H S F B A S N L I
I T Z G S A T E G O M Á E Á
M M U E H Z E O S S O R G N
E É H Z E X Á W G G R A M Z
N R R S Z Á M M V B Á X C M
Z Ő Á Z Y R W O Í M H Z R T
I U P A A O P S E T K U K C
Ó E G Y E N L E T P Á Y Í P
V Í Z S Z I N T E S E S V D
```

MAGASSÁG	TÖMEG
SZÖG	MEDIÁN
SZÁMÍTÁS	SZÁM
ÍV	PÁRHUZAMOS
ÁTMÉRŐ	ARÁNY
DIMENZIÓ	SZEGMENS
EGYENLET	FELÜLET
VÍZSZINTES	ELMÉLET
LOGIKA	HÁROMSZÖG

43 - Vacaciones #2

```
S  C  T  E  G  I  Z  S  B  Ú  K  F  S  R
N  Á  Z  E  F  O  T  Ó  K  T  Ü  O  Z  E
M  P  T  D  N  A  R  T  S  L  L  G  A  P
A  A  X  O  L  G  K  Y  T  E  F  L  B  Ü
V  D  T  S  R  É  E  J  A  V  Ö  A  A  L
T  O  Y  Á  G  T  Y  R  X  É  L  L  D  Ő
É  L  N  Z  W  T  G  N  I  L  D  Á  I  T
R  L  V  A  D  E  E  F  Z  W  I  S  D  É
K  Á  Í  T  T  R  H  J  H  D  W  O  Ő  R
É  Z  Z  U  B  E  I  U  I  R  I  K  R  G
P  S  U  P  B  M  N  Y  A  R  A  L  Á  S
G  Y  M  V  L  M  I  W  M  B  O  L  T  K
X  S  Z  Á  L  L  Í  T  Á  S  J  S  V  B
L  X  I  W  T  Y  O  X  R  V  R  S  O  J
```

REPÜLŐTÉR	ÚTLEVÉL
SÁTOR	STRAND
KÜLFÖLDI	FOGLALÁSOK
FOTÓK	ÉTTEREM
SZÁLLODA	TAXI
SZIGET	SZÁLLÍTÁS
TÉRKÉP	VONAT
TENGER	NYARALÁS
HEGYEK	UTAZÁS
SZABADIDŐ	VÍZUM

44 - Baile

```
K V Y L T D O B K C H A M K
V E U C E C F K O Y A K Ű U
U D G D S A B Ó R P G A V L
K L S Y T U R C E K Y D É T
Z U G A E J M Z O I O É S U
K E L V D L R L G F M M Z R
R P N T L I E F R E Á I E Á
I A W E Ú R E M Á J N A T L
T R O D G R K E F E Y D J I
M T O I F V A L I Z O N K S
U N P P R J N E A Ő S Z X K
S E E I S Á G Z O M Á D I V
G R R W S Á T R A T T S E T
K V X Y J M U É M O X A H M
```

AKADÉMIA
VIDÁM
MŰVÉSZET
KOREOGRÁFIA
TEST
KULTÚRA
KULTURÁLIS
ÉRZELEM
PRÓBA

KIFEJEZŐ
KEGYELEM
MOZGÁS
ZENE
TESTTARTÁS
RITMUS
PARTNER
HAGYOMÁNYOS

45 - Matemáticas

```
G  E  O  M  E  T  R  I  A  A  S  T  P  C
K  Y  Z  G  U  T  G  W  P  P  Z  Ö  O  H
Ö  S  S  Z  E  G  É  Ö  X  U  Ö  R  L  W
E  T  F  B  V  N  L  G  M  H  G  E  I  Y
E  G  Y  E  N  L  E  T  L  B  E  D  G  T
O  O  R  L  K  N  X  Y  U  A  K  É  O  I
P  Á  R  H  U  Z  A  M  O  S  L  K  N  Z
S  N  A  S  H  M  A  T  I  Z  M  A  D  E
U  É  O  Z  Z  Y  X  E  M  A  B  N  P  D
G  G  I  Á  O  N  F  L  K  Á  D  S  T  E
Á  Y  K  M  F  M  P  Ü  A  E  Z  H  O  S
R  Z  T  O  K  A  V  R  M  Z  R  S  L  R
A  E  T  K  M  H  R  E  Á  T  M  É  R  Ő
J  T  O  X  Z  E  X  K  K  I  T  E  V  Ő
```

SZÁMTAN	GEOMETRIA
SZÖGEK	SZÁMOK
NÉGYZET	PÁRHUZAMOS
TIZEDES	KERÜLET
ÁTMÉRŐ	POLIGON
EGYENLET	SUGÁR
GÖMB	TÉGLALAP
KITEVŐ	ÖSSZEG
TÖREDÉK	

46 - Restaurante #1

```
F  U  C  T  P  I  N  C  É  R  N  Ő  Ö  D
O  L  É  V  Á  K  H  V  M  R  N  V  S  F
G  B  A  C  H  N  G  J  D  E  T  W  S  Z
L  V  L  D  S  H  Y  N  B  N  T  B  Z  B
A  S  L  E  S  I  U  É  P  N  Ü  N  E  M
L  M  E  S  Z  G  R  T  R  I  H  V  T  P
Á  K  R  S  A  E  N  K  I  M  J  Y  E  É
S  O  G  Z  L  S  X  S  E  J  Y  B  V  N
Ú  N  I  E  V  T  Á  L  Z  I  M  L  Ő  Z
H  Y  A  R  É  H  I  I  E  Ó  S  É  K  T
G  H  A  T  T  S  E  R  E  Z  S  Ű  F  Á
O  A  J  D  A  D  F  D  F  R  E  Z  B  R
É  L  E  L  M  I  S  Z  E  R  D  F  Y  O
K  E  N  Y  É  R  A  S  A  P  J  G  M  S
```

ALLERGIA	MENÜ
KÁVÉ	KENYÉR
PÉNZTÁROS	FŰSZERES
PINCÉRNŐ	TÁNYÉR
HÚS	CSIRKE
KONYHA	DESSZERT
ENNI	FOGLALÁS
ÉLELMISZER	SZÓSZ
KÉS	SZALVÉTA
ÖSSZETEVŐK	TÁL

47 - Profesiones #2

```
K W T M F Ú J S Á G Í R Ó W
Ö L A É M I K U T A T Ó Ő O
N S N R I D L S O V R O T P
Y D Á N I M X O U A Z V S A
V K R Ö A D G V Z S É B E S
T V E K S S K R S Ó T O F Ó
Á H O R F R N O É Z F A L J
R P F A T G B G V O W U L A
O K I P O É W O L M E M S H
S C Z L U R S F E O F X P R
N V L C Ó U J Z Y Y I N V Ű
Z C M Y S T O R N N I H L C
R M Ó L Á L A T L E F V E M
B I O L Ó G U S T X J H O G
```

ŰRHAJÓS	FELTALÁLÓ
KÖNYVTÁROS	KUTATÓ
BIOLÓGUS	KERTÉSZ
SEBÉSZ	NYELVÉSZ
FOGORVOS	ORVOS
NYOMOZÓ	ÚJSÁGÍRÓ
FILOZÓFUS	PILÓTA
FOTÓS	FESTŐ
MÉRNÖK	TANÁR

48 - Naturaleza

```
T  I  L  M  F  A  Z  B  K  T  P  D  U  C
W  M  O  B  J  O  A  X  A  R  E  X  M  P
V  H  A  K  Ő  H  L  E  F  Ó  R  T  O  K
F  Z  U  Y  L  L  F  Y  M  P  D  Ö  K  I
S  Z  É  P  S  É  G  L  Ó  U  Ő  A  L  F
M  S  Z  E  N  T  É  L  Y  S  O  X  Y  X
R  E  S  C  C  E  L  G  Ó  I  Z  Ó  R  E
S  Z  N  S  A  R  K  V  I  D  É  K  I  D
B  I  K  E  H  É  M  O  R  Z  V  C  P  E
É  B  V  C  D  J  E  C  J  T  Z  E  T  R
K  A  S  A  T  É  P  M  J  F  A  G  F  Ű
É  I  B  V  T  C  K  O  T  A  L  L  Á  S
S  I  F  L  T  A  Z  O  B  M  O  L  X  G
G  C  O  X  A  P  G  V  A  D  V  W  B  D
```

MÉHEK	KÖD
ÁLLATOK	FELHŐK
SARKVIDÉKI	BÉKÉS
SZÉPSÉG	MENEDÉK
ERDŐ	FOLYÓ
SIVATAG	VAD
ERÓZIÓ	SZENTÉLY
LOMBOZAT	DERŰS
GLECCSER	TRÓPUSI

49 - Conduciendo

```
N  R  I  M  K  N  E  F  V  A  Y  A  C  B
K  U  D  C  A  N  W  N  Z  O  U  T  P  A
U  T  C  A  M  N  H  B  G  V  F  T  G  L
S  P  O  A  I  M  N  D  H  E  D  V  Ó  E
V  K  D  W  O  M  O  T  O  R  D  M  P  S
F  E  M  K  N  T  É  R  K  É  P  É  T  E
O  K  S  Á  T  Í  L  L  Á  Z  S  I  L  T
R  É  O  Z  B  I  Z  T  O  N  S  Á  G  Y
G  F  G  Á  É  I  R  Ú  G  A  R  Á  Z  S
A  P  O  G  K  L  C  G  I  E  B  M  E  M
L  Z  L  L  G  R  Y  A  F  H  J  R  W  S
O  X  A  K  N  D  E  L  Y  Z  I  L  E  E
M  C  Y  P  J  P  U  A  V  D  M  I  A  B
O  S  G  A  Y  N  A  M  E  Z  Ü  Y  R  R
```

BALESET	TÉRKÉP
UTCA	MOTOR
KAMION	GYALOGOS
AUTÓ	VESZÉLY
ÜZEMANYAG	BIZTONSÁG
FÉKEK	SZÁLLÍTÁS
GARÁZS	FORGALOM
GÁZ	ALAGÚT
ENGEDÉLY	

50 - Ballet

```
K  Ő  Z  E  J  E  F  I  K  V  Z  P  W  B
G  O  N  J  C  P  D  I  É  M  E  R  R  A
I  Y  R  J  H  G  B  S  S  Ű  N  Ó  T  L
O  E  A  E  G  R  E  Z  Z  V  E  B  Y  E
B  G  K  K  O  F  R  Ó  S  É  E  A  X  R
U  E  G  E  O  G  C  L  É  S  P  A  T  I
G  B  I  D  O  R  R  Ó  G  Z  M  F  L  N
E  M  J  G  E  K  L  Á  O  I  A  X  Y  A
S  U  L  Í  T  S  O  A  F  I  N  D  X  R
Z  Ő  O  S  O  C  N  Á  T  I  Z  U  S  L
T  Z  E  N  E  K  A  R  T  B  A  M  K  G
U  R  I  T  M  U  S  F  Z  I  V  L  O  E
S  A  P  Y  W  J  G  É  S  N  Ö  Z  Ö  K
Z  E  N  E  S  Z  E  R  Z  Ő  R  D  J  A
```

TAPS	KIFEJEZŐ
MŰVÉSZI	GESZTUS
KÖZÖNSÉG	KÉSZSÉG
BALERINA	IZMOK
TÁNCOSOK	ZENE
ZENESZERZŐ	ZENEKAR
KOREOGRÁFIA	GYAKORLAT
PRÓBA	RITMUS
STÍLUS	SZÓLÓ

51 - Fuerza y Gravedad

```
T  E  R  J  E  S  Z  K  E  D  É  S  P  M
T  N  J  K  W  T  E  N  G  E  L  Y  Á  T
S  E  B  E  S  S  É  G  Á  I  E  B  L  U
M  A  F  C  K  O  B  E  S  I  D  O  Y  L
D  Á  S  E  M  E  T  E  Y  G  E  L  A  A
D  O  G  R  D  N  F  F  G  Z  O  Y  S  J
X  N  H  N  V  K  C  G  A  B  Z  G  Ú  D
V  Ő  P  M  E  O  R  X  N  U  L  Ó  R  O
O  D  W  B  H  S  Á  M  O  Y  N  K  L  N
F  I  Z  I  K  A  E  H  A  T  Á  S  Ó  S
K  Ö  Z  P  O  N  T  S  S  Ú  L  Y  D  Á
T  Á  V  O  L  S  Á  G  S  G  C  J  Á  G
M  E  C  H  A  N  I  K  A  É  G  X  S  O
F  E  L  F  E  D  E  Z  É  S  G  B  E  K
```

KÖZPONT	MECHANIKA
FELFEDEZÉS	PÁLYA
TÁVOLSÁG	SÚLY
TENGELY	BOLYGÓK
TERJESZKEDÉS	NYOMÁS
FIZIKA	TULAJDONSÁGOK
SÚRLÓDÁS	IDŐ
HATÁS	EGYETEMES
MÁGNESESSÉG	SEBESSÉG
NAGYSÁG	

52 - Aventura

```
B R E W R A L H U B B K T G
D Á R J V X Z W T I S I E B
C S T Y M O H L A Z Z R R A
C S G O Ö S E X Z T O Á M R
G É É I R H P N Á O K N É Á
S D S K Ö S R E S N A D S T
E E Z Y L U Á Z O S T U Z O
Y S É Y V R J G K Á L L E K
L E H E T Ő S É G G A Á T M
É K E S Z É P S É G N S C X
Z L N Ú T V O N A L P H J L
S E Y M E G L E P Ő X H Ú Y
E L T E V É K E N Y S É G J
V N A V I G Á C I Ó K W D A
```

TEVÉKENYSÉG	TERMÉSZET
ÖRÖM	NAVIGÁCIÓ
BARÁTOK	ÚJ
SZÉPSÉG	LEHETŐSÉG
NEHÉZSÉG	VESZÉLYES
LELKESEDÉS	BIZTONSÁG
KIRÁNDULÁS	MEGLEPŐ
SZOKATLAN	BÁTORSÁG
ÚTVONAL	UTAZÁSOK

53 - Pájaros

```
C F L A M I N G Ó T G P V D
F S X Z J L I J G O A E E G
T A I X I M V S É J L L R A
B S P R R S G Y M Á A I É P
A W I A K M N G F S M K B P
G Ó L Y A E I B H J B Á J R
H A T T Y Ú P G U M V N J K
K I N T I J F H Y O N Z K H
N A Á C D R K O Y Y P H W D
R I K C Y A P A Y L Á R I S
D M U U R V I S C Ó O F X C
J J T R K L I B A S G B N W
L P N T G K D J Á G A P A P
K S N S E F R G F M K L S X
```

STRUCC	VERÉB
SAS	SÓLYOM
GÓLYA	TOJÁS
HATTYÚ	PAPAGÁJ
KAKUKK	GALAMB
VARJÚ	KACSA
FLAMINGÓ	PELIKÁN
LIBA	PINGVIN
GÉM	CSIRKE
SIRÁLY	TUKÁN

54 - Geografía

```
R  K  O  N  T  I  N  E  N  S  S  W  H  M
Y  N  N  A  X  U  X  M  B  H  D  N  O  E
O  F  G  Ó  V  U  A  S  W  V  H  M  S  R
T  X  É  Y  S  O  R  Á  V  H  T  A  S  I
X  K  S  L  D  Z  S  A  L  T  A  G  Z  D
P  S  S  O  T  S  I  J  V  I  G  A  Ú  I
O  N  E  F  I  E  Y  G  E  H  U  S  S  Á
R  C  L  É  D  N  K  V  E  Z  Y  S  Á  N
S  T  É  R  E  G  N  E  T  T  N  Á  G  P
Z  É  Z  É  T  E  R  Ü  L  E  T  G  Á  C
Á  R  S  X  S  V  I  D  É  K  T  C  L  F
G  K  B  G  R  Z  X  N  M  U  M  I  H
W  É  G  C  S  P  A  K  Z  J  V  V  V  Z
M  P  W  G  Z  J  I  K  J  H  Z  L  W  P
```

MAGASSÁG	MERIDIÁN
ATLASZ	HEGY
VÁROS	VILÁG
KONTINENS	ÉSZAK
FÉLTEKE	NYUGAT
SZIGET	ORSZÁG
SZÉLESSÉG	VIDÉK
HOSSZÚSÁG	FOLYÓ
TÉRKÉP	DÉL
TENGER	TERÜLET

55 - Música

```
S  U  K  I  Z  S  S  A  L  K  E  N  É  F
U  P  R  M  X  G  J  R  I  T  M  U  S  E
T  U  Z  F  H  W  L  E  K  E  N  É  U  L
J  U  O  S  W  G  L  P  T  D  O  K  R  V
V  A  J  K  É  W  V  O  E  Z  F  Ö  Ó  É
H  A  R  M  Ó  N  I  A  M  Ö  O  L  K  T
A  T  U  I  E  N  E  Z  P  K  R  T  F  E
R  Ö  G  T  Ö  N  Ö  Z  Ó  Z  K  Ő  B  L
H  A  R  M  O  N  I  K  U  S  I  I  A  Y
N  C  E  É  N  E  K  E  S  E  M  H  L  D
B  Y  J  B  P  Z  D  B  K  O  C  Y  L  C
A  L  B  U  M  A  L  L  A  D  D  X  A  N
I  A  B  G  N  Y  A  Y  R  G  B  K  D  L
J  E  U  E  K  U  D  C  F  I  C  O  A  F
```

HARMÓNIA	ESZKÖZ
HARMONIKUS	DALLAM
ALBUM	MIKROFON
BALLADA	ZENEI
ÉNEKES	ZENÉSZ
ÉNEKEL	OPERA
KLASSZIKUS	KÖLTŐI
KÓRUS	RITMUS
FELVÉTEL	TEMPÓ
RÖGTÖNÖZ	ÉNEK

56 - Actividades

```
J  K  E  V  S  Z  A  B  A  D  I  D  Ő  É
Á  X  I  M  Ű  V  É  S  Z  E  T  K  R  R
T  T  G  K  E  Y  N  É  V  T  J  E  R  D
É  M  L  T  A  Z  S  Á  D  A  V  S  F  E
K  Á  F  I  O  P  O  A  I  M  Á  R  E  K
O  G  K  W  O  I  C  U  M  U  N  S  S  E
K  I  V  É  T  A  Z  S  Á  L  A  H  T  K
W  A  N  A  S  T  N  R  O  M  C  D  M  Ö
B  I  T  B  R  Z  B  X  Z  L  Z  U  É  R
R  V  O  T  U  R  S  Z  E  B  Ó  I  N  Ö
J  L  Z  N  G  I  Á  É  A  H  E  D  Y  M
O  L  V  A  S  Á  S  S  G  U  X  X  Á  T
K  E  R  T  É  S  Z  K  E  D  É  S  L  S
K  É  Z  M  Ű  V  E  S  S  É  G  J  F  I
```

MŰVÉSZET	OLVASÁS
KÉZMŰVESSÉG	MÁGIA
VADÁSZAT	SZABADIDŐ
KERÁMIA	HALÁSZAT
VARRÁS	FESTMÉNY
KÉSZSÉG	ÖRÖM
ÉRDEKEK	KIKAPCSOLÓDÁS
KERTÉSZKEDÉS	REJTVÉNYEK
JÁTÉKOK	

57 - Verduras

```
Z  L  L  B  W  B  T  V  K  F  Y  V  F  X
E  I  L  M  C  U  J  E  S  W  K  F  F  X
L  S  M  Ó  S  R  O  B  T  N  W  A  O  K
L  P  C  W  N  G  U  B  O  R  K  A  G  K
E  E  E  I  L  O  K  K  O  R  B  W  M  R
R  N  V  F  S  N  Á  S  Z  I  L  D  A  P
X  Ó  B  W  Ó  Y  G  O  B  J  A  L  O  N
N  T  C  A  G  A  B  M  O  G  C  Y  K  D
F  E  H  É  R  R  É  P  A  R  E  T  E  K
F  O  K  H  A  G  Y  M  A  T  Á  L  A  S
G  Y  Ö  M  B  É  R  B  D  U  H  T  U  N
P  E  T  R  E  Z  S  E  L  Y  E  M  M  R
A  R  T  I  C  S  Ó  K  A  M  Y  G  A  H
P  A  R  A  D  I  C  S  O  M  X  G  X  S
```

FOKHAGYMA	GYÖMBÉR
ARTICSÓKA	FEHÉRRÉPA
ZELLER	OLAJBOGYÓ
PADLIZSÁN	BURGONYA
BROKKOLI	UBORKA
TÖK	PETREZSELYEM
HAGYMA	RETEK
SALÁTA	GOMBA
SPENÓT	PARADICSOM
BORSÓ	

58 - Mascotas

```
S  N  N  L  H  J  K  O  R  A  F  E  E  S
F  J  V  V  H  D  E  I  K  F  K  M  T  S
K  O  K  Í  N  Z  H  W  S  H  N  L  J  O
E  K  I  Z  W  C  K  W  X  K  U  J  T  V
C  Z  S  U  C  C  W  G  L  H  U  C  Y  R
S  Ő  N  K  E  T  L  Ú  Y  N  J  T  O  O
K  C  I  C  A  G  H  A  L  Í  B  Z  Y  T
E  J  V  T  H  E  Ö  H  V  F  K  K  G  A
P  Z  O  S  V  A  K  S  C  A  M  U  A  L
T  M  A  N  C  S  O  K  C  H  V  T  L  L
É  L  E  L  M  I  S  Z  E  R  Y  Y  L  Á
P  A  P  A  G  Á  J  W  R  É  Ö  A  É  G
A  A  Y  H  W  H  M  T  C  G  R  H  R  T
P  Ó  R  Á  Z  I  N  É  H  E  T  C  R  U
```

VÍZ	HÖRCSÖG
KECSKE	GYÍK
KISKUTYA	PAPAGÁJ
FAROK	MANCSOK
GALLÉR	KUTYA
ÉLELMISZER	HAL
NYÚL	EGÉR
PÓRÁZ	TEKNŐS
CICA	TEHÉN
MACSKA	ÁLLATORVOS

59 - Formas

```
O  T  D  S  P  M  K  É  P  R  I  Z  M  A
P  V  V  R  J  J  Ö  L  V  U  I  F  C  A
O  S  Á  K  I  A  R  E  G  N  E  H  J  C
L  P  K  L  D  U  S  K  T  C  U  L  F  U
I  I  E  H  I  H  I  P  E  R  B  O  L  A
G  R  R  Á  F  S  Z  S  Z  M  Z  M  O  A
O  A  E  R  W  T  S  R  Y  W  V  P  Ö  W
N  M  K  O  C  É  P  X  G  X  M  Y  V  G
I  I  G  M  G  G  I  S  É  J  K  F  Y  U
Y  S  U  S  L  L  L  A  N  O  V  A  J  Y
C  F  I  Z  O  A  L  A  K  C  O  K  K  P
L  P  C  Ö  E  L  E  Í  D  S  T  T  Ú  Z
V  L  F  G  C  A  P  V  D  L  S  Z  P  H
H  C  N  J  Z  P  C  D  C  K  O  R  A  S
```

ÍV	HIPERBOLA
ÉLEK	OLDAL
HENGER	VONAL
KÖR	OVÁLIS
KÚP	PIRAMIS
NÉGYZET	POLIGON
KOCKA	PRIZMA
ELLIPSZIS	TÉGLALAP
GÖMB	KEREK
SAROK	HÁROMSZÖG

60 - Flores

```
P  M  H  I  B  I  S  Z  K  U  S  Z  I  L
S  I  Á  N  A  P  R  A  F  O  R  G  Ó  I
V  Z  T  K  G  A  R  D  É  N  I  A  V  L
S  G  Á  Y  T  U  L  I  P  Á  N  W  U  I
G  R  J  Z  P  E  A  E  D  I  H  C  R  O
P  S  X  Z  S  A  N  Á  R  C  I  S  Z  M
I  C  D  T  D  Z  N  S  Z  I  R  O  M  V
D  C  N  W  L  D  O  G  J  Á  Z  M  I  N
G  Á  R  I  V  M  Ö  R  Ö  K  I  L  L  M
C  S  O  K  O  R  U  A  S  Z  Ó  R  Ó  J
M  A  G  N  Ó  L  I  A  R  Z  C  E  H  K
B  A  Z  S  A  R  Ó  Z  S  A  É  L  E  R
L  E  V  E  N  D  U  L  A  Y  B  P  R  R
H  A  L  V  Á  N  Y  L  I  L  A  L  E  F
```

MÁK	MAGNÓLIA
KÖRÖMVIRÁG	SZÁZSZORSZÉP
PITYPANG	NÁRCISZ
GARDÉNIA	ORCHIDEA
NAPRAFORGÓ	BAZSARÓZSA
HIBISZKUSZ	SZIROM
JÁZMIN	CSOKOR
LEVENDULA	RÓZSA
HALVÁNYLILA	LÓHERE
LILIOM	TULIPÁN

61 - Astronomía

```
X M E T E O R A D T R M K P
H U T Z S Á G A L L I S C K
K O Ű I T Á V C S Ő M Y Y S
Ö M L R G M Z R A K É T A Z
D X P D H W Z R E X L N T U
F L É K N A T U Á P E W X P
O I K S R A J X U G O O H E
L L G T U A U Ó Z É U Z H R
T X A F Ö L D F S I W S F N
Z K L M Ű H O L D B I O J Ó
B O L Y G Ó W Y F V O M M V
P S I X A L A G S B E Z B A
F T S Á Z O K T A Y G O F E
Ó I C Á T I V A R G B K M M
```

ŰRHAJÓS	HOLD
CSILLAGÁSZ	METEOR
ÉG	KÖDFOLT
RAKÉTA	BOLYGÓ
CSILLAGKÉP	SUGÁRZÁS
KOZMOSZ	MŰHOLD
FOGYATKOZÁS	SZUPERNÓVA
GALAXIS	TÁVCSŐ
GRAVITÁCIÓ	FÖLD

62 - Tiempo

```
É  Ő  R  E  J  L  G  M  M  P  A  N  Ó  H
S  V  Á  F  L  T  N  O  R  A  R  Ó  J  U
Z  Ö  T  F  G  Ő  J  S  W  N  W  P  D  H
Á  J  P  I  W  P  T  T  F  G  L  I  Y  L
Z  Z  A  R  Z  L  C  T  E  E  Y  L  É  D
A  F  N  E  V  E  A  F  M  T  V  L  V  I
D  É  V  E  S  G  D  É  W  W  O  A  Y  H
N  S  P  X  N  G  S  J  S  C  G  N  D  Y
P  E  R  C  C  E  W  S  B  T  K  A  F  S
X  X  C  L  B  R  K  Z  P  R  P  T  U  F
P  H  H  T  L  L  O  A  E  E  P  N  A  P
K  É  A  I  D  W  R  K  G  D  G  S  G  M
S  T  E  S  K  É  A  A  J  D  S  E  A  I
W  A  D  P  P  V  I  Y  L  D  C  X  X  D
```

MOST	MA
ELŐTT	REGGEL
ÉVES	DÉL
ÉV	HÓNAP
TEGNAP	PERC
NAPTÁR	PILLANAT
ÉVTIZED	ÉJSZAKA
NAP	HÉT
JÖVŐ	SZÁZAD
ÓRA	KORAI

63 - Paisajes

```
G U I M M S H L S C B V U V
L M A W R T E T Z G A D F L
E U E J T R G T I B R M I A
C Z O S U A Y E G Z L L J G
C E N I N N G N E W A T X Ú
S S M Z D D L G T V N V Y N
E V F Á R D Ö E B Í G M U A
R Y Z O A P V R S Z A K O P
E N Á K L U V L D E T Z L M
Z W D C K Y X I F S A U M R
M O C S Á R Ó T T É V N J N
F É L S Z I G E T S I Z O K
T O R K O L A T Y M S U K U
J É G H E G Y G E J Z Í R N
```

VÍZESÉS	TENGER
BARLANG	HEGY
SIVATAG	OÁZIS
TORKOLAT	MOCSÁR
GEJZÍR	FÉLSZIGET
GLECCSER	STRAND
JÉGHEGY	FOLYÓ
SZIGET	TUNDRA
TÓ	VÖLGY
LAGÚNA	VULKÁN

64 - Días y Meses

```
A Z Y L R R Á U R B E F H V
U H G G D S H P G A P V Ó A
G J Ú L I U S X R C R H N S
U R E S P G E K Á I P Z A Á
S V C Z K T T E N L K P R
Z B T O R W J T P L B I T N
T É H M Z Y A N A X F V S A
U W X B Z X N É N R D P J P
S G Y A P B U P V S N D G X
Z O N T D S Á O K T Ó B E R
S Z E R D A R J Ú N I U S K
S Z E P T E M B E R R N J P
N O V E M B E R H É T F Ő L
W U L C U C S Ü T Ö R T Ö K
```

ÁPRILIS	HÉTFŐ
AUGUSZTUS	KEDD
ÉV	HÓNAP
NAPTÁR	SZERDA
VASÁRNAP	NOVEMBER
JANUÁR	OKTÓBER
FEBRUÁR	SZOMBAT
CSÜTÖRTÖK	HÉT
JÚLIUS	SZEPTEMBER
JÚNIUS	PÉNTEK

65 - Jardinería

```
N K L Y K F N W A H K V V E
B M U W Ő C B H K K O I K G
H V P K L E Y C M T E R O Z
M G Y Ü M Ö L C S Ö S Á M O
C A M U Ö G Á R I V L G P T
É S G B T Ő T E H E E O O I
G N O O Y R R D C T V S S K
H Z D K K J A F D P É F Z U
A M G K O P T N R I L R T S
J V H U Z R B O T A N I K A
L R Í Z S I L Á N O Z E Z S
A Z F Z I N E D V E S S É G
T W B C P L O M B O Z A T L
A T A L A J C D Y W K J Z D
```

VÍZ	VIRÁGOS
BOTANIKA	LOMBOZAT
ÉGHAJLAT	LEVÉL
EHETŐ	GYÜMÖLCSÖS
KOMPOSZT	NEDVESSÉG
TARTÁLY	TÖMLŐ
FAJ	CSOKOR
SZEZONÁLIS	MAGOK
EGZOTIKUS	PISZOK
VIRÁG	TALAJ

66 - Barbacoas

```
B D A X S V J S M V V B M W
O O J P Z Y Á U A F R G Y R
R V Y H Ó B T H L L D N I K
S A A C S G É L Z É Á Y J T
E P J C Z G K A C H L T P F
F G F Y S N O M K S A K Á C
S M X B D O K Y N É S E J K
M I N L L I R G F G C K E E
C S I R K E Á A L O W E B S
G O L V K N Y H K Z R M É É
F D V C U E N F F D X R D K
M D X Y T Z X G W J O E Ó I
A P A R A D I C S O M Y S M
G Y Ü M Ö L C S O X Z G H H
```

EBÉD	ZENE
FORRÓ	GYERMEKEK
HAGYMA	GRILL
VACSORA	BORS
KÉSEK	CSIRKE
SALÁTÁK	SÓ
CSALÁD	SZÓSZ
GYÜMÖLCS	PARADICSOM
ÉHSÉG	NYÁR
JÁTÉKOK	

67 - Ropa

```
S  Z  O  K  N  Y  A  H  F  Z  G  W  K  N
K  A  R  K  Ö  T  Ő  M  B  D  B  X  G  A
Z  C  K  N  L  Á  D  N  A  Z  S  I  N  D
Y  M  Ö  V  G  Z  L  D  Z  S  E  K  I  R
É  K  S  Z  E  R  E  K  L  A  Z  J  N  Á
N  Y  A  K  L  Á  N  C  N  K  K  I  Ő  G
R  S  A  N  B  L  Ú  Z  Y  A  Ö  D  P  Y
H  U  A  U  T  Á  B  A  K  L  T  I  I  R
S  P  H  P  O  S  W  X  C  A  É  V  C  W
I  Y  F  A  C  Z  Z  F  U  P  N  A  E  W
C  I  M  V  N  M  V  J  H  H  Y  T  Z  C
M  E  L  L  X  E  B  H  G  H  V  J  V  R
P  U  L  Ó  V  E  R  G  H  O  X  G  M  N
K  E  S  Z  T  Y  Ű  L  X  R  K  K  N  E
```

KABÁT	ÉKSZEREK
BLÚZ	DIVAT
SÁL	NADRÁG
ING	PIZSAMA
DZSEKI	KARKÖTŐ
ÖV	SZANDÁL
NYAKLÁNC	KALAP
KÖTÉNY	PULÓVER
SZOKNYA	RUHA
KESZTYŰ	CIPŐ

68 - Meditación

```
K  Y  K  O  T  A  L  O  D  N  O  G  M  F
Z  B  O  H  K  L  T  É  U  T  G  L  E  I
Z  S  V  D  A  Á  E  N  G  R  G  T  N  G
B  É  K  E  S  H  S  Y  É  Z  R  E  T  Y
M  O  Z  G  Á  S  T  U  S  I  É  Z  Á  E
P  G  Z  A  D  G  T  G  S  E  J  S  L  L
É  Y  W  A  A  N  A  O  E  N  L  É  I  E
R  R  T  W  G  K  R  D  V  E  C  M  S  M
D  I  Z  G  O  T  T  T  D  Z  K  R  E  U
U  K  A  E  F  W  Á  P  E  P  Z  E  O  C
O  U  F  P  L  J  S  F  K  J  T  T  A  E
P  N  P  B  E  M  B  L  Z  C  S  E  N  D
V  Z  W  S  É  L  E  Y  G  I  F  G  E  M
V  K  G  A  V  Í  T  K  E  P  S  R  E  P
```

ELFOGADÁS	ZENE
FIGYELEM	TERMÉSZET
KEDVESSÉG	MEGFIGYELÉS
NYUGODT	BÉKE
ÉRZELMEK	GONDOLATOK
HÁLA	PERSPEKTÍVA
MENTÁLIS	TESTTARTÁS
ELME	LÉGZÉS
MOZGÁS	CSEND

69 - Café

```
M  Z  T  M  R  O  K  U  C  J  P  Y  N  V
S  K  V  U  Á  E  T  E  K  E  F  A  A  Í
C  Ő  É  B  T  Y  G  Ű  R  E  S  E  K  Z
E  R  E  D  E  T  T  G  R  H  A  R  O  Í
Z  Ű  Y  L  A  T  I  E  E  T  V  C  F  W
S  Z  B  U  T  Y  N  I  J  L  A  K  F  I
É  S  L  Y  J  K  L  E  T  Ö  S  D  E  A
S  D  A  E  A  R  Á  O  N  K  W  T  I  R
C  Y  G  A  F  É  R  H  F  R  B  E  N  O
I  M  H  H  T  M  A  O  J  Ö  G  A  D  M
C  Y  R  A  X  E  D  D  H  P  U  B  A  A
O  D  G  W  E  R  H  Y  U  V  M  W  B  D
V  Z  B  L  A  P  J  S  T  X  B  O  R  E
K  Z  U  O  T  C  J  Z  M  H  X  S  V  V
```

VÍZ	TEJ
KESERŰ	FOLYADÉK
AROMA	REGGEL
PÖRKÖLT	DARÁL
CUKOR	FEKETE
SAVAS	EREDET
ITAL	ÁR
KOFFEIN	ÍZ
KRÉM	CSÉSZE
SZŰRŐ	FAJTA

70 - Libros

```
Z  B  I  B  D  V  U  K  L  O  N  H  D  I
P  C  H  K  M  E  E  U  E  Z  A  M  N  D
T  F  L  S  Ö  P  I  R  P  S  R  X  A  E
G  W  A  U  F  L  U  Y  S  R  R  I  L  V
Í  O  D  T  T  I  T  N  P  Z  Á  M  A  O
O  R  L  X  E  R  A  É  H  L  T  L  K  N
L  F  O  E  N  O  Z  M  S  Ő  O  E  E  A
V  F  W  T  É  D  O  E  Á  Z  R  N  T  T
A  E  R  N  T  A  R  T  F  R  E  É  T  K
S  T  K  O  R  L  O  J  É  E  U  T  Ő  O
Ó  N  Z  K  Ö  M  S  Ű  R  Z  J  R  S  Z
A  Z  U  F  T  I  M  Y  T  S  F  Ö  S  Ó
Y  P  K  P  Y  N  É  G  E  R  E  T  É  C
T  A  L  Á  L  É  K  O  N  Y  B  C  G  K
```

SZERZŐ	OLVASÓ
KALAND	IRODALMI
GYŰJTEMÉNY	NARRÁTOR
KONTEXTUS	REGÉNY
KETTŐSSÉG	OLDAL
ÍROTT	IDE VONATKOZÓ
TÖRTÉNET	VERS
TÖRTÉNELMI	KÖLTÉSZET
TRÉFÁS	SOROZAT
TALÁLÉKONY	

71 - Los Medios de Comunicación

```
T  T  E  L  E  V  Í  Z  I  Ó  R  B  F  E
K  É  M  A  G  A  Z  I  N  O  K  G  I  W
I  O  N  E  Ú  J  S  Á  G  O  K  C  N  X
A  K  X  Y  N  É  M  E  L  É  V  O  A  D
D  T  I  M  E  L  L  E  Z  S  P  I  N  I
Á  A  V  N  Z  K  G  N  T  P  N  I  S  G
S  T  M  H  G  H  R  Y  I  Y  U  P  Z  I
B  Á  K  Ö  D  Ű  T  I  T  T  A  A  Í  T
O  S  O  B  R  W  A  L  Y  I  N  R  R  Á
V  J  S  M  G  E  Z  V  F  L  H  P  O  L
O  N  L  I  N  E  Ó  Á  N  O  E  O  Z  I
G  C  N  V  G  T  L  N  Z  G  T  H  Á  S
R  Á  D  I  Ó  K  Á  O  T  N  N  Ó  S  C
U  D  K  D  N  Y  H  S  X  U  I  J  K  W
```

ATTITŰDÖK	SZELLEMI
DIGITÁLIS	HELYI
KIADÁS	VÉLEMÉNY
OKTATÁS	ÚJSÁGOK
ONLINE	NYILVÁNOS
FINANSZÍROZÁS	RÁDIÓ
FOTÓK	HÁLÓZAT
TÉNYEK	MAGAZINOK
IPAR	TELEVÍZIÓ

72 - Nutrición

```
E  E  G  É  S  Z  S  É  G  E  S  N  K  Z
Y  M  S  V  S  Z  O  K  Á  S  O  K  A  K
O  G  É  S  Ő  N  I  M  T  E  V  F  L  E
N  B  J  S  Z  B  X  W  Á  G  I  Y  Ó  S
F  J  T  D  Z  Ő  X  G  P  É  T  G  R  E
K  E  N  T  Í  T  G  A  A  S  A  W  I  R
C  N  H  H  M  E  É  Z  N  Z  M  E  A  Ű
A  M  D  É  L  H  N  S  Y  S  I  O  T  V
S  C  E  S  R  E  Y  S  A  É  N  I  É  V
Z  Ú  J  H  N  J  S  L  G  G  P  N  I  M
E  P  L  N  I  X  É  S  Z  Ó  S  Z  D  H
D  S  W  Y  X  Y  P  K  W  O  R  L  R  E
F  G  A  B  O  N  A  F  É  L  É  K  E  B
Y  G  Á  V  T  É  O  Y  F  W  D  F  P  I
```

KESERŰ	TÁPANYAG
ÉTVÁGY	SÚLY
MINŐSÉG	FEHÉRJÉK
KALÓRIA	ÍZ
GABONAFÉLÉK	SZÓSZ
EHETŐ	EGÉSZSÉG
DIÉTA	EGÉSZSÉGES
EMÉSZTÉS	TOXIN
SZOKÁSOK	VITAMIN

73 - Edificios

```
M L D S N X P B M V A Z S G
S O W Y A D O L L Á Z S Z Y
T E Z S G Á S A D Z A G U Á
A G Á I Y K A B I N Y C P R
D Y H F K P M Ú Z E U M E Á
I E R L Ö A L O K S I P R V
O T Ó S V J S R P W T A M T
N E K J E T X O C W X J A E
S M M D T A T O R O N Y R B
Á Z J O S Z Á R A G A U K A
K I Á S É S Z Í N H Á Z E Z
A Z M L G D G Y E B S U T S
L G D S L R P V I M U Z T Z
N M U I R Ó T A R O B A L F
```

SZÁLLÓ
LAKÁS
KABIN
VÁR
MOZI
NAGYKÖVETSÉG
ISKOLA
STADION
GYÁR
GARÁZS

PAJTA
GAZDASÁG
KÓRHÁZ
SZÁLLODA
LABORATÓRIUM
MÚZEUM
SZUPERMARKET
SZÍNHÁZ
TORONY
EGYETEM

74 - Océano

```
O  S  E  A  T  Z  K  T  A  U  A  W  T  X
S  R  B  V  E  Á  Á  O  V  Ó  O  U  O  F
Z  N  Á  Z  K  T  R  F  R  J  S  K  N  A
T  L  W  K  N  O  A  Z  A  A  S  Y  H  E
R  B  O  P  Ő  N  L  A  H  H  L  U  A  A
I  Á  B  W  S  Y  É  Z  I  S  P  L  L  M
G  L  B  U  L  I  N  Y  V  Z  H  T  X  E
A  N  J  I  R  X  R  I  V  A  L  G  A  D
J  A  L  C  O  D  A  O  F  C  E  X  D  Ú
S  B  D  Á  H  E  G  M  G  L  V  Y  L  Z
S  R  P  P  I  L  O  P  L  Y  E  F  X  A
Ó  X  T  A  N  L  O  G  N  A  W  D  H  C
B  H  Á  R  A  P  Á  L  Y  B  S  N  B  E
S  Z  I  V  A  C  S  Y  D  L  M  F  V  P
```

ALGA	SZIVACS
ANGOLNA	ÁRAPÁLY
ZÁTONY	MEDÚZA
TONHAL	OSZTRIGA
BÁLNA	HAL
HAJÓ	POLIP
GARNÉLARÁK	SÓ
RÁK	CÁPA
KORALL	VIHAR
DELFIN	TEKNŐS

75 - Ciudad

```
M  O  Z  I  H  P  N  Y  S  K  U  K  V  M
V  R  Á  T  V  Y  N  Ö  K  H  C  L  I  Ú
N  X  H  S  S  T  A  D  I  O  N  I  R  Z
U  Y  N  Z  W  L  I  L  V  Y  P  N  Á  E
P  K  Í  Á  J  O  R  Z  O  K  R  I  G  U
I  R  Z  L  M  B  É  Y  Y  K  E  K  Á  M
A  S  S  L  Z  G  L  M  D  D  S  A  R  F
C  W  H  O  B  F  A  E  P  O  B  I  U  Y
E  V  H  D  Y  N  G  T  P  S  D  M  S  R
M  E  X  A  I  R  U  E  O  É  B  F  T  U
T  L  O  B  S  E  V  Y  N  Ö  K  A  B  B
V  S  P  N  E  Y  P  G  S  P  T  S  N  P
G  Y  Ó  G  Y  S  Z  E  R  T  Á  R  É  K
R  E  P  Ü  L  Ő  T  É  R  F  G  E  P  G
```

REPÜLŐTÉR	GALÉRIA
BANK	SZÁLLODA
KÖNYVTÁR	KÖNYVESBOLT
MOZI	PIAC
KLINIKA	MÚZEUM
ISKOLA	PÉKSÉG
STADION	SZÍNHÁZ
GYÓGYSZERTÁR	BOLT
VIRÁGÁRUS	EGYETEM

76 - Deporte

```
Ú  B  Y  B  Z  N  Y  Ú  J  T  Á  S  F  S
M  S  Á  Z  O  R  Á  P  K  É  R  E  K  P
A  E  Z  U  T  I  C  S  O  N  T  O  K  O
X  D  K  N  Y  Z  H  S  S  T  S  D  X  R
I  Z  É  L  I  M  K  I  F  Á  E  I  H  T
M  Ő  P  É  E  O  A  I  L  N  T  É  U  B
A  R  E  L  G  K  C  R  T  C  L  T  C  M
L  E  S  E  É  D  E  W  G  A  M  A  O  G
I  Y  S  G  S  O  P  H  H  O  R  X  D  C
Z  D  É  É  Z  K  H  V  O  C  R  T  N  U
Á  D  G  Z  S  A  T  L  É  T  A  P  Á  D
L  S  J  N  É  C  E  X  H  A  O  E  R  S
Á  R  O  I  G  Z  A  K  J  T  F  F  L  G
S  R  V  M  E  T  A  B  O  L  I  K  U  S
```

ATLÉTA	CSONTOK
TÁNC	MAXIMALIZÁLÁS
KÉPESSÉG	METABOLIKUS
KERÉKPÁROZÁS	IZMOK
TEST	ÚSZNI
SPORT	PROGRAM
DIÉTA	KITARTÁS
EDZŐ	LÉLEGEZNI
NYÚJTÁS	EGÉSZSÉG
ERŐ	

77 - Actividades y Ocio

```
T  B  S  P  A  D  B  A  L  R  Á  S  O  K
E  V  O  B  A  S  E  B  A  L  L  Z  R  E
N  E  K  K  J  C  H  I  L  Z  Z  Ö  U  R
I  R  E  I  S  Á  Z  Á  R  Ú  T  R  T  T
S  S  M  S  Á  Z  S  Ú  L  D  R  F  A  É
Z  E  P  Á  Y  E  J  G  O  L  F  Ö  Z  S
M  N  I  D  N  M  G  J  B  K  H  Z  Á  Z
Z  Y  N  O  É  V  Z  G  P  N  D  É  S  K
N  W  G  K  M  Z  V  N  M  W  O  S  D  E
P  E  K  R  T  M  Ű  V  É  S  Z  E  T  D
H  A  L  Á  S  Z  A  T  C  O  K  R  K  É
P  S  H  V  E  F  U  T  B  A  L  L  P  S
L  O  Z  Ú  F  P  I  H  E  N  T  E  T  Ő
N  V  D  B  V  Á  S  Á  R  L  Á  S  U  H
```

MŰVÉSZET	KERTÉSZKEDÉS
KOSÁRLABDA	ÚSZÁS
BASEBALL	HALÁSZAT
BOKSZ	FESTMÉNY
BÚVÁRKODÁS	PIHENTETŐ
KEMPING	TÚRÁZÁS
VERSENY	SZÖRFÖZÉS
VÁSÁRLÁS	TENISZ
FUTBALL	UTAZÁS
GOLF	

78 - Ingeniería

```
S  Z  Á  M  Í  T  Á  S  A  T  V  G  B  E
Y  Z  R  A  D  A  O  A  G  E  G  É  P  R
D  M  E  R  V  R  F  M  I  N  S  M  P  Ő
J  V  S  G  K  R  E  S  D  G  H  Z  Y  N
K  É  D  A  Y  L  O  F  Í  E  R  T  Ö  J
U  F  R  I  E  D  U  C  Z  L  É  E  V  G
D  J  H  D  C  C  S  F  E  Y  P  Z  N  M
E  L  O  S  Z  L  Á  S  L  X  Í  E  H  E
K  A  R  O  K  D  D  U  A  T  T  K  A  C
G  P  B  N  M  N  Ó  S  B  S  É  R  É  M
Z  G  T  I  U  F  L  W  G  Z  S  E  G  Y
Á  T  M  É  R  Ő  R  C  J  E  Z  Z  J  S
M  O  T  O  R  K  Ú  K  H  F  M  S  L  L
P  S  K  J  W  O  S  M  É  L  Y  S  É  G
```

SZÖG	SZERKEZET
SZÁMÍTÁS	SÚRLÓDÁS
ÉPÍTÉS	ERŐ
DIAGRAM	FOLYADÉK
ÁTMÉRŐ	GÉP
DÍZEL	MÉRÉS
ELOSZLÁS	MOTOR
TENGELY	KAROK
ENERGIA	MÉLYSÉG

79 - Comida #1

```
S  A  L  Á  T  A  A  A  Z  Á  D  L  V  U
Ú  P  C  M  F  U  F  Z  F  R  E  P  E  O
H  Z  T  Ó  N  E  P  S  S  P  J  T  U  Y
C  I  T  R  O  M  H  Z  P  A  T  N  E  M
D  A  V  T  C  K  H  É  B  K  M  A  W  T
U  X  P  M  D  K  G  Z  R  C  U  K  O  R
T  O  N  H  A  L  Z  Z  O  R  R  R  U  U
F  O  K  H  A  G  Y  M  A  F  É  X  T  Z
B  X  K  O  M  G  C  V  L  M  A  P  Y  W
A  O  Z  T  Y  F  O  L  M  E  M  H  A  L
K  E  Y  B  G  S  X  P  Z  V  V  S  É  J
U  V  D  L  A  S  K  Ö  R  T  E  E  T  J
F  N  L  B  H  Ó  S  I  U  M  T  D  S  E
G  Y  Ü  M  Ö  L  C  S  L  É  W  J  C  T
```

FOKHAGYMA	EPER
TONHAL	GYÜMÖLCSLÉ
CUKOR	TEJ
FAHÉJ	CITROM
HÚS	MENTA
ÁRPA	FEHÉRRÉPA
HAGYMA	KÖRTE
SALÁTA	SÓ
SPENÓT	LEVES

80 - Antigüedades

```
B  P  R  S  Z  O  B  O  R  É  E  D  Y  R
P  E  S  N  L  O  R  M  F  R  L  E  I  B
S  É  R  E  V  R  Á  N  B  M  E  K  B  G
B  U  O  U  K  É  T  R  É  É  G  O  Á  H
O  A  T  O  H  M  K  G  V  K  Á  R  R  R
K  I  Ú  P  T  Á  B  S  F  U  N  A  É  G
H  D  B  X  D  A  Z  Á  Z  S  S  T  G  A
H  I  T  E  L  E  S  Á  K  E  J  Í  I  L
M  Ű  V  É  S  Z  E  T  S  S  R  V  T  É
S  Z  O  K  A  T  L  A  N  U  C  E  X  R
É  V  T  I  Z  E  D  E  K  L  P  Z  K  I
H  E  L  Y  R  E  Á  L  L  Í  T  Á  S  A
I  H  D  O  V  Y  L  W  S  T  R  C  H  X
R  K  E  N  T  Y  P  G  É  S  Ő  N  I  M
```

MŰVÉSZET	BERUHÁZÁS
HITELES	ÉKSZEREK
MINŐSÉG	ÉRMÉK
DEKORATÍV	BÚTOR
ÉVTIZEDEK	ÁR
ELEGÁNS	HELYREÁLLÍTÁS
SZOBOR	SZÁZAD
STÍLUS	ÁRVERÉS
GALÉRIA	ÉRTÉK
SZOKATLAN	RÉGI

81 - Literatura

```
K  E  C  Z  J  A  R  T  E  L  É  R  K  V
F  Ö  G  R  X  S  O  E  U  R  A  I  Ö  É
I  Y  L  K  G  C  T  V  I  F  C  T  V  L
K  V  U  T  W  W  Á  P  T  F  C  M  E  E
C  A  A  Z  Ő  K  R  M  W  C  Y  U  T  M
I  N  N  C  V  I  R  Í  M  T  H  S  K  É
Ó  A  E  M  E  T  A  F  O  R  A  T  E  N
R  L  K  H  Ő  Y  N  A  B  K  Y  É  Z  Y
E  Ó  D  É  Z  S  E  B  R  Á  P  M  T  Y
G  G  O  E  R  R  Á  I  K  K  I  A  E  W
É  I  T  O  E  E  V  R  H  X  J  O  T  E
N  A  A  N  Z  V  G  C  Í  P  O  X  É  C
Y  R  X  W  S  S  É  Z  M  E  L  E  S  C
Y  S  T  Í  L  U  S  Z  A  D  L  L  V  G
```

ANALÓGIA	METAFORA
ELEMZÉS	NARRÁTOR
ANEKDOTA	REGÉNY
SZERZŐ	VÉLEMÉNY
ÉLETRAJZ	VERS
KÖVETKEZTETÉS	KÖLTŐI
LEÍRÁS	RÍM
PÁRBESZÉD	RITMUS
STÍLUS	TÉMA
FIKCIÓ	

82 - Química

```
N U K L E Á R I S T V N P T
P U H Ő M É R S É K L E T M
P S N B L A R P G R M E N M
Y N É G O R D I H C I Z C P
F O L Y A D É K S S Z É N B
Z R R E A K C I Ó Ó N O O G
W T G U F L M I M H E X I Á
Z K S Z É Ú K O G Y E I T Z
M E U B M G L U L V V G X P
Y L Ú S E O I V H E V É D Z
V E H Ő K S H D H C K N M P
K A T A L I Z Á T O R U V P
O A S T W Y F N K F K M L U
L O X K L Ó R A J R T U R A
```

LÚGOS
SAV
HŐ
SZÉN
KATALIZÁTOR
KLÓR
ELEKTRON
ENZIM
GÁZ
HIDROGÉN

ION
FOLYADÉK
FÉMEK
MOLEKULA
NUKLEÁRIS
OXIGÉN
SÚLY
REAKCIÓ
SÓ
HŐMÉRSÉKLET

83 - Gobierno

```
N  B  L  X  A  C  N  J  W  K  A  N  D  S
T  E  Í  J  Y  D  É  Z  S  E  B  E  S  Z
Ö  Ű  M  R  E  H  L  W  Y  R  U  M  P  A
R  M  A  Z  Ó  G  M  S  T  Ü  L  Z  H  B
V  K  L  F  E  S  Y  D  F  L  V  E  X  A
É  É  L  K  R  T  Á  E  R  E  F  T  J  D
N  L  Á  G  E  J  I  G  N  T  N  G  O  S
Y  M  O  M  A  K  I  T  I  L  O  P  G  Á
D  E  M  O  K  R  Á  C  I  A  Ő  K  O  G
A  U  M  S  V  L  B  C  C  J  M  S  K  F
S  H  F  H  I  P  O  L  G  Á  R  I  É  W
G  H  D  Ő  T  E  Z  E  V  M  C  E  P  G
M  S  P  W  A  A  L  K  O  T  M  Á  N  Y
I  G  A  Z  S  Á  G  O  S  S  Á  G  Z  W
```

POLGÁRI	BÍRÓSÁGI
ALKOTMÁNY	IGAZSÁGOSSÁG
DEMOKRÁCIA	TÖRVÉNY
JOGOK	SZABADSÁG
BESZÉD	VEZETŐ
VITA	EMLÉKMŰ
KERÜLET	NEMZETI
ÁLLAM	NEMZET
EGYENLŐSÉG	POLITIKA

84 - Creatividad

```
K É L E T E R Ő B V S L T F
E I A M Á R D X E I Z N A O
T Z F G Y D S G N L E V L L
E S Y E S I Á É Y Á N E Á Y
L É I G J X T S O G Z I L É
T V F L H E I Z M O Á H É K
Ö Ű S L W O Z S Á S C L K O
D M H E F P N É S S I E O N
É R Z E L M E K S Á Ó T N Y
V Í Z I Ó K T P X G A W Y S
J I O E S N N Á T N O P S Á
O T F R F Ó I C Í U T N I G
H I T E L E S S É G W J B Z
A P É K É P Z E L E T U F N
```

MŰVÉSZI	KÉP
HITELESSÉG	KÉPZELET
VILÁGOSSÁG	BENYOMÁS
DRÁMAI	IHLET
ÉRZELMEK	INTENZITÁS
SPONTÁN	INTUÍCIÓ
KIFEJEZÉS	TALÁLÉKONY
FOLYÉKONYSÁG	SZENZÁCIÓ
KÉSZSÉG	VÍZIÓK
ÖTLETEK	ÉLETERŐ

85 - Filantropía

```
V  I  K  E  R  E  B  M  E  K  K  P  P  G
J  O  A  W  W  H  G  B  A  Ü  R  K  S  Y
G  H  P  G  Z  Z  É  B  X  L  C  H  S  E
É  Á  C  O  V  X  S  R  K  D  Z  O  Z  R
S  A  S  A  G  É  S  I  R  E  B  M  E  M
E  D  O  Y  O  N  Ö  I  E  T  K  A  L  E
T  O  L  G  N  N  Z  I  B  É  S  G  W  K
N  M  A  Ü  B  O  Ö  C  B  S  T  E  R  E
I  Á  T  Z  J  I  K  O  P  A  L  A  W  K
Z  N  O  N  Z  D  G  É  S  K  Ü  Z  S  F
S  Y  K  É  H  S  D  S  T  B  R  U  S  W
Ő  O  J  P  X  B  C  K  T  Ó  F  L  Z  O
P  Z  G  L  O  B  Á  L  I  S  J  X  D  S
C  S  O  P  O  R  T  O  K  C  É  L  O  K
```

JÓTÉKONYSÁG	CSOPORTOK
KÖZÖSSÉG	ŐSZINTESÉG
KAPCSOLATOK	EMBERISÉG
ADOMÁNYOZ	CÉLOK
PÉNZÜGY	KÜLDETÉS
ALAPOK	SZÜKSÉG
EMBEREK	GYERMEKEK
GLOBÁLIS	

86 - Clima

```
T  L  B  X  K  W  J  M  M  H  L  H  C  S
R  O  Á  R  V  Í  Z  O  E  U  V  Ő  K  Z
S  I  R  Á  L  O  P  N  N  R  F  M  Ö  E
E  X  Ö  N  G  K  B  S  N  R  C  É  D  L
W  F  K  M  Á  S  M  Z  Y  I  T  R  A  L
V  B  G  J  K  D  D  U  D  K  R  S  E  Ő
H  S  É  C  P  Z  Ó  N  Ö  Á  Ó  É  B  W
S  N  L  V  I  H  A  R  R  N  P  K  V  V
F  E  L  H  Ő  U  U  C  G  X  U  L  I  M
E  B  G  E  J  X  P  N  É  T  S  E  L  Y
C  G  M  Z  A  R  Á  Z  S  S  I  T  L  F
T  A  L  J  A  H  G  É  M  É  Z  G  Á  C
U  Z  F  É  A  S  Z  Á  L  Y  G  É  M  B
S  L  I  G  A  K  Z  P  F  X  I  J  L  P
```

LÉGKÖR	POLÁRIS
SZELLŐ	VILLÁM
ÉG	SZÁRAZ
ÉGHAJLAT	ASZÁLY
JÉG	HŐMÉRSÉKLET
HURRIKÁN	VIHAR
ÁRVÍZ	TORNÁDÓ
MONSZUN	TRÓPUSI
KÖD	MENNYDÖRGÉS
FELHŐ	SZÉL

87 - Comida #2

```
B  A  N  Á  N  P  C  T  J  Z  Y  D  L  P
R  L  E  Y  N  Z  S  E  R  E  S  C  D  A
R  I  B  H  K  A  O  Y  M  L  Z  K  E  R
A  N  Z  A  J  Z  K  E  V  L  P  E  A  A
U  L  B  S  V  Ú  O  Ó  H  E  V  N  H  D
W  Y  M  V  U  B  L  J  S  R  T  Y  S  I
N  U  Y  A  V  L  Á  M  X  C  N  É  A  C
G  W  R  A  L  U  D  N  A  M  I  R  J  S
C  S  I  R  K  E  É  G  O  P  A  T  T  O
G  Y  Ö  M  B  É  R  T  O  J  Á  S  R  M
S  Z  Ő  L  Ő  F  G  F  F  K  R  W  A  A
B  P  L  T  Z  N  Á  S  Z  I  L  D  A  P
N  R  H  Z  S  Z  M  M  N  V  W  I  E  J
J  O  G  H  U  R  T  N  Y  I  N  X  P  D
```

ARTICSÓKA	ALMA
MANDULA	KENYÉR
ZELLER	BANÁN
RIZS	CSIRKE
PADLIZSÁN	SAJT
CSERESZNYE	PARADICSOM
CSOKOLÁDÉ	BÚZA
TOJÁS	SZŐLŐ
GYÖMBÉR	JOGHURT
KIVI	

88 - Diplomacia

```
D  S  F  K  B  I  Z  T  O  N  S  Á  G  A
B  I  M  E  T  A  N  Á  C  S  A  D  Ó  L
U  I  P  V  B  O  C  T  S  S  Y  B  E  F
S  Á  D  L  O  G  E  M  U  E  L  I  L  O
K  X  E  E  O  W  A  K  I  T  I  L  O  P
K  Ö  H  Y  A  M  Z  P  R  I  R  L  B  Z
Ü  V  Z  N  T  T  Á  K  Á  K  B  B  U  V
L  I  K  Ö  M  A  A  C  T  A  F  Y  V  R
F  T  G  O  S  U  T  K  I  L  F  N  O  K
Ö  A  P  I  H  S  U  O  N  A  Z  Á  X  G
L  D  A  Y  F  K  É  Z  A  X  I  M  K  X
D  T  W  Y  E  W  Y  G  M  W  C  R  S  G
I  Y  I  N  F  N  N  D  U  W  E  O  T  U
B  A  V  F  T  G  L  Y  H  T  B  K  C  M
```

TANÁCSADÓ	KORMÁNY
KÖZÖSSÉG	HUMANITÁRIUS
KONFLIKTUS	NYELVEK
DIPLOMÁCIAI	POLITIKA
VITA	BIZTONSÁG
KÜLFÖLDI	MEGOLDÁS
ETIKA	

89 - Herbolistería

```
É  D  E  S  K  Ö  M  É  N  Y  V  C  N  F
T  Á  R  K  O  N  Y  V  O  Z  D  K  L  M
P  S  M  I  M  O  K  I  L  A  S  Z  A  B
W  Á  I  G  E  K  O  N  Y  H  A  I  X  T
A  F  N  N  Y  C  F  C  V  A  C  Ő  V  K
M  R  Ő  I  L  A  L  U  D  N  E  V  E  L
Y  Á  S  R  E  X  A  O  I  Ö  T  E  Z  D
G  N  É  A  S  L  L  I  F  V  T  T  Ö  W
A  Y  G  M  Z  Á  K  W  D  É  X  E  L  K
H  H  U  Z  E  K  M  R  T  N  A  Z  D  U
K  A  P  O  R  E  T  O  O  Y  M  S  Í  H
O  T  V  R  T  R  G  Á  R  I  V  S  L  Z
F  K  Z  A  E  T  E  U  H  A  T  Ö  V  O
P  T  L  X  P  M  E  N  T  A  C  X  X  U
```

FOKHAGYMA	ÖSSZETEVŐ
BAZSALIKOM	KERT
AROMÁS	LEVENDULA
SÁFRÁNY	MENTA
MINŐSÉG	PETREZSELYEM
KONYHAI	NÖVÉNY
KAPOR	ROZMARING
TÁRKONY	ÍZ
VIRÁG	ZÖLD
ÉDESKÖMÉNY	

90 - Energía

```
I  T  D  S  T  O  P  S  P  T  A  O  S  I
P  R  Í  D  U  T  N  É  G  O  R  D  I  H
A  O  Z  J  R  L  É  Z  S  G  Z  E  R  O
R  T  E  S  B  P  Z  E  N  A  P  N  Á  F
E  Á  L  X  I  F  S  Y  I  Y  E  T  E  O
F  L  M  A  N  I  N  N  Z  N  L  R  L  T
E  U  E  O  A  G  V  N  N  A  E  Ó  K  O
B  M  C  K  T  H  Ő  E  E  M  K  P  U  N
A  U  W  P  T  O  Z  Z  B  E  T  I  N  C
C  K  A  I  U  R  R  S  K  Z  R  A  P  R
F  K  W  D  J  Y  O  L  E  Ü  O  W  B  W
B  A  A  A  H  Ő  Z  M  M  P  N  F  Y  H
M  E  G  Ú  J  U  L  Ó  O  C  B  I  T  D
E  Y  R  K  E  G  P  S  Z  S  P  T  A  L
```

AKKUMULÁTOR	BENZIN
HŐ	HIDROGÉN
SZÉN	IPAR
ÜZEMANYAG	MOTOR
SZENNYEZÉS	NUKLEÁRIS
DÍZEL	MEGÚJULÓ
ELEKTRON	NAP
ELEKTROMOS	TURBINA
ENTRÓPIA	GŐZ
FOTON	SZÉL

91 - Especias

```
P  F  R  S  E  H  U  F  Z  K  P  B  Z  C
Y  A  N  W  Á  V  A  J  A  Ö  A  V  I  U
T  H  F  E  L  F  M  H  Z  M  P  B  F  R
Y  É  E  A  M  P  R  H  C  É  R  S  G  R
N  J  Á  N  I  Z  S  Á  W  N  I  E  Ó  Y
É  G  I  Y  U  X  Í  E  N  Y  K  T  U  T
M  V  N  L  E  U  K  Z  J  Y  A  L  G  G
Ö  J  K  I  S  Z  E  G  F  Ű  S  Z  E  G
K  É  D  E  S  V  R  É  B  M  Ö  Y  G  K
S  A  V  A  N  Y  Ú  E  O  T  A  M  Y  E
E  H  A  G  Y  M  A  B  R  C  I  D  A  S
D  V  A  N  Í  L  I  A  S  L  N  J  N  E
É  É  D  E  S  G  Y  Ö  K  É  R  V  U  R
F  O  K  H  A  G  Y  M  A  W  L  I  H  Ű
```

SAVANYÚ	ÉDES
FOKHAGYMA	ÉDESKÖMÉNY
KESERŰ	GYÖMBÉR
ÁNIZS	PAPRIKA
SÁFRÁNY	BORS
FAHÉJ	ÉDESGYÖKÉR
HAGYMA	ÍZ
SZEGFŰSZEG	SÓ
KÖMÉNY	VANÍLIA
CURRY	

92 - Universo

```
C  K  Ó  B  Y  A  T  É  Z  C  L  N  R  L
S  Y  L  N  B  H  I  W  G  J  Y  E  Z  É
I  S  U  K  I  M  Z  O  K  I  K  H  N  G
L  M  D  L  M  Y  R  D  O  D  L  O  H  K
L  J  R  L  Á  T  H  A  T  Ó  H  R  P  Ö
A  T  O  É  G  T  M  E  L  I  Y  I  Y  R
G  Á  F  L  A  D  I  O  R  E  T  Z  S  A
Á  V  P  É  G  Á  S  Ú  Z  S  S  O  H  R
S  C  A  Y  L  Á  P  A  N  Y  X  N  Y  A
Z  S  N  G  F  T  G  É  S  T  É  T  Ö  S
A  Ő  M  R  K  X  E  G  A  L  A  X  I  S
T  K  W  F  R  W  R  K  Z  N  D  V  D  X
A  F  B  Ő  T  Í  L  N  E  Y  G  E  N  A
Z  D  C  R  T  S  Z  É  L  E  S  S  É  G
```

ASZTEROIDA	SZÉLESSÉG
CSILLAGÁSZAT	HOSSZÚSÁG
LÉGKÖR	HOLD
ÉGI	SÖTÉTSÉG
ÉG	PÁLYA
KOZMIKUS	NAP
EGYENLÍTŐ	NAPFORDULÓ
GALAXIS	TÁVCSŐ
FÉLTEKE	LÁTHATÓ
HORIZONT	

93 - Jazz

```
C  H  H  X  Z  L  R  C  X  D  B  Y  Y  I
M  Í  A  Ú  R  L  Z  Y  K  M  A  T  Ö  M
Ű  R  N  J  A  S  T  Í  L  U  S  L  S  P
V  E  G  A  K  O  B  O  D  B  U  T  S  R
É  S  S  F  E  E  U  L  Ő  L  M  X  Z  O
S  W  Ú  Ű  N  V  D  F  Z  A  T  Z  E  V
Z  N  L  M  E  T  I  V  R  K  I  L  T  I
G  T  Y  A  Z  E  O  G  E  I  R  Z  É  Z
Z  R  J  D  Z  H  Z  U  Z  N  S  L  T  Á
S  E  A  K  T  E  D  J  S  H  C  D  E  C
T  C  N  E  R  T  O  B  E  C  I  E  L  I
X  N  S  E  N  S  R  O  N  E  I  P  K  Ó
Y  O  B  G  R  É  E  U  E  T  R  É  G  I
J  K  W  O  L  G  C  K  Z  O  S  I  R  F
```

MŰVÉSZ	MŰFAJ
ALBUM	IMPROVIZÁCIÓ
DAL	ZENE
ÖSSZETÉTEL	ÚJ
ZENESZERZŐ	ZENEKAR
KONCERT	RITMUS
STÍLUS	TEHETSÉG
HANGSÚLY	DOBOK
HÍRES	TECHNIKA
KEDVENCEK	RÉGI

94 - Mediciones

```
T O N N A M P G U N C I A S
L Y B X M É D C R N I F H Z
R E R E S R R W D A C U Ü É
E R Z G E Ő P H V Y M Y V L
T P D S L I T E R I Y M E E
É P I K I L O G R A M M L S
M T M N U T I Z E D E S Y S
I L W C T J Á B I B W M K É
T Ö M E G F O K O Z A T S G
N U U R Y Z K O E K E X Ú P
E U M É L Y S É G B P K L E
C R G S C M P S K I F E Y R
M A G A S S Á G O T U Z M C
K I L O M É T E R H B W A L
```

MAGASSÁG	HOSSZ
SZÉLESSÉG	TÖMEG
BÁJT	MÉRŐ
CENTIMÉTER	PERC
TIZEDES	UNCIA
FOKOZAT	SÚLY
GRAMM	PINT
KILOGRAMM	MÉLYSÉG
KILOMÉTER	HÜVELYK
LITER	TONNA

95 - Barcos

```
J A C H T B F I M B N T Y K
Y P B T F M T K A J A K Ó Ö
L Z P Y D V E Y O J M C Y T
S K R P D V N Á E C Ó P L É
V V I X S E G C T G L B O L
X I Z S É R E G N E T C F L
T M T O H X R O T O M I V E
K E M O T E N G E R I S I G
D L A G R K N M J K O M P É
D I V W J L H D A G Á L Y N
U E C X P U Á V T N L O W Y
H O R G O N Y S U B L Y E S
K E N U G L E E T B T N H É
Á R B O C H U L L Á M O K G
```

HORGONY	TENGERÉSZ
TUTAJ	ÁRBOC
BÓJA	MOTOR
KENU	TENGERI
KÖTÉL	ÓCEÁN
KOMP	HULLÁMOK
KAJAK	FOLYÓ
TÓ	LEGÉNYSÉG
TENGER	VITORLÁS
DAGÁLY	JACHT

96 - Antártida

```
S  S  F  C  S  O  Y  N  Á  M  O  D  U  T
Z  F  M  Ö  V  E  B  Z  I  A  E  R  D  J
I  É  P  D  L  Ó  I  C  Í  D  E  P  X  E
G  L  N  I  I  D  P  V  D  A  G  Y  S  E
E  S  O  E  N  R  R  R  Y  R  J  M  É  Y
T  Z  Í  V  T  G  K  A  H  A  S  O  Z  P
E  I  A  U  J  E  V  K  J  K  J  Y  R  J
K  G  U  M  U  L  Y  I  U  Z  U  V  Ő  P
M  E  O  E  K  T  Z  Z  N  T  J  É  G  F
F  T  S  Z  I  K  L  Á  S  E  A  H  E  E
K  O  N  T  I  N  E  N  S  B  K  T  M  L
Ö  B  Ö  L  M  I  G  R  Á  C  I  Ó  Ó  H
G  L  E  C  C  S  E  R  E  K  V  Y  Y  Ő
T  G  N  R  T  T  E  Z  E  Y  N  R  Ö  K
```

VÍZ	KUTATÓ
ÖBÖL	SZIGETEK
TUDOMÁNYOS	KÖRNYEZET
MEGŐRZÉS	MIGRÁCIÓ
KONTINENS	FELHŐK
EXPEDÍCIÓ	MADARAK
FÖLDRAJZ	FÉLSZIGET
GLECCSEREK	PINGVINEK
JÉG	SZIKLÁS

97 - Mamíferos

```
J  Z  O  B  T  G  D  D  E  B  L  T  U  P
U  S  P  Á  U  U  N  N  E  V  D  E  M  R
H  I  Ó  L  S  D  V  Y  D  L  T  V  S  É
U  R  A  N  T  V  T  A  C  K  F  E  E  R
R  Á  C  A  C  X  O  M  J  I  P  I  Y  I
U  F  K  C  T  S  Z  E  B  R  A  M  N  F
G  O  R  I  L  L  A  S  A  K  R  A  F  A
N  M  M  W  Y  G  B  U  Z  Z  F  J  Y  R
E  I  W  C  U  D  I  O  N  A  X  O  G  K
K  G  R  L  C  M  K  B  X  Y  M  M  K  A
F  A  F  I  U  E  A  N  T  T  Ú  Á  W  S
E  L  E  F  Á  N  T  N  J  U  K  L  R  B
N  J  C  M  A  C  S  K  A  K  Ó  R  Y  M
N  W  K  R  U  J  I  U  F  V  M  J  W  Z
```

BÁLNA	MACSKA
SZAMÁR	GORILLA
LÓ	ZSIRÁF
TEVE	FARKAS
KENGURU	MAJOM
ZEBRA	MEDVE
NYÚL	JUH
PRÉRIFARKAS	KUTYA
DELFIN	BIKA
ELEFÁNT	RÓKA

98 - Boxeo

```
T K R M K E L E T Ö K I V M
X L I L É F N E L L E I F N
U S Z L S S É R Ü L É S E K
I M C G Z F Ó K U S Z O G O
T E R Ő S A R C K F J C Y T
K E X A É H A R A N G R O N
Y E S E G K Ö N Y Ö K A R O
T C S T G Á R Y A G M H S P
Ö E B Z H L T U K P Y X R Y
Y K P B T L Ü R E M I K Ú B
W O Ö O Z Y L U N Z I P G R
R R P L I G Ű U R E T P Á V
S A F E L É P Ü L É S O S L
R S C J Á T É K V E Z E T Ő
```

JÁTÉKVEZETŐ	KESZTYŰ
ÁLL	KÉSZSÉG
HARANG	SÉRÜLÉSEK
FÓKUSZ	HARCOS
KÖNYÖK	ELLENFÉL
KÖTELEK	RÚGÁS
TEST	PONTOK
SAROK	ÖKÖL
KIMERÜLT	GYORS
ERŐ	FELÉPÜLÉS

99 - Abejas

```
R  O  V  A  R  H  S  M  B  R  V  L  H  G
Á  C  E  F  V  R  V  A  V  L  V  Ö  W  Y
T  R  E  K  P  U  R  B  B  N  V  K  S  Ü
P  U  V  I  R  Á  G  O  K  W  I  O  O  M
A  Ő  N  Ö  V  É  N  Y  E  K  A  S  K  Ö
K  N  E  L  Ő  N  Y  Ö  S  O  S  Z  F  L
Z  Y  U  G  R  T  P  N  O  N  Z  I  É  C
É  L  E  L  M  I  S  Z  E  R  B  S  L  S
M  Á  V  I  R  Á  G  Ü  V  S  E  Z  E  O
M  R  P  O  L  L  E  N  F  I  P  T  S  L
L  I  J  A  M  I  G  J  M  Z  O  É  É  V
A  K  A  Y  N  R  Á  Z  S  G  R  M  G  G
E  Z  R  V  N  I  Z  L  C  V  Z  A  X  O
S  C  A  U  J  U  P  B  U  O  Ó  Z  J  Y
```

SZÁRNYAK	GYÜMÖLCS
ELŐNYÖS	FÜST
VIASZ	ROVAR
KAPTÁR	KERT
ÉLELMISZER	MÉZ
SOKFÉLESÉG	NÖVÉNYEK
ÖKOSZISZTÉMA	POLLEN
RAJ	BEPORZÓ
VIRÁG	KIRÁLYNŐ
VIRÁGOK	NAP

100 - Psicología

```
G  K  K  S  É  D  E  K  L  E  S  I  V  A
Y  F  O  É  Z  N  K  G  K  O  M  T  U  I
E  D  N  L  V  E  O  A  O  U  W  E  V  W
R  N  F  E  M  L  M  M  T  H  F  R  A  Ö
M  S  L  K  E  T  L  É  A  P  I  Á  L  T
E  Z  I  É  G  E  Á  L  L  U  A  P  Ó  L
K  E  K  T  I  L  P  B  O  Y  K  I  S  E
K  N  T  R  S  É  L  O  D  B  I  A  Á  T
O  Z  U  É  M  M  I  R  N  W  N  S  G  E
R  Á  S  I  E  Z  J  P  O  M  I  V  É  K
L  C  H  B  R  S  A  X  G  A  L  N  D  G
A  I  P  L  É  E  I  J  U  M  K  L  B  R
U  Ó  M  D  S  É  S  Z  L  E  L  É  S  N
C  X  O  N  Y  É  N  A  O  A  I  C  P  Y
```

KLINIKAI	GONDOLATOK
MEGISMERÉS	ÉSZLELÉS
VISELKEDÉS	SZEMÉLYISÉG
KONFLIKTUS	PROBLÉMA
ÉN	VALÓSÁG
ÉRTÉKELÉS	SZENZÁCIÓ
ÖTLETEK	ÁLMOK
ESZMÉLETLEN	TERÁPIA
GYERMEKKOR	

1 - Ajedrez

2 - Agua

3 - Arqueología

4 - Granja #2

5 - La Empresa

6 - Mueble

7 - Aviones

8 - Tipos de Cabello

9 - Ciencia Ficción

10 - Circo

11 - Granja #1

12 - Camping

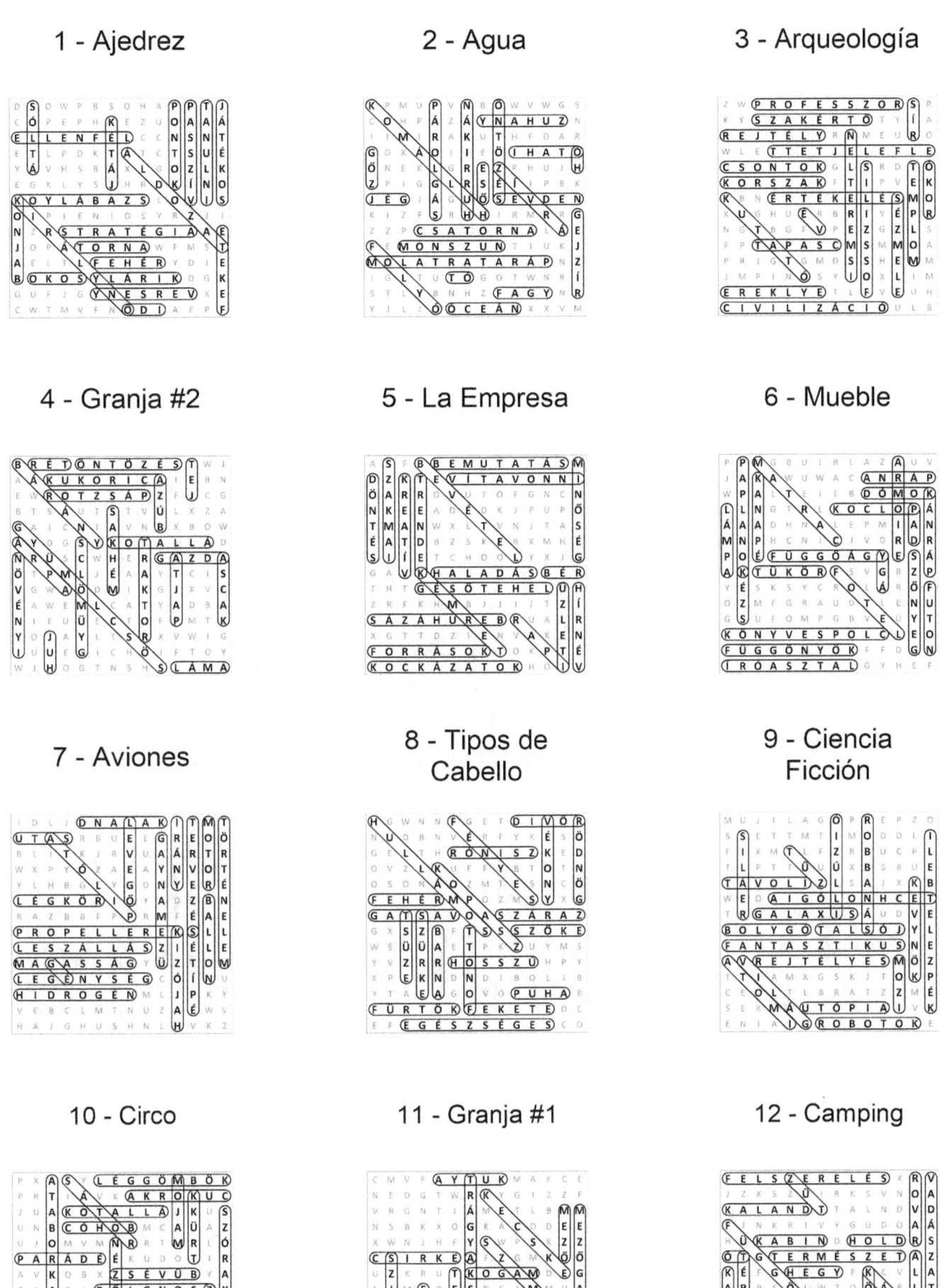

13 - Fruta

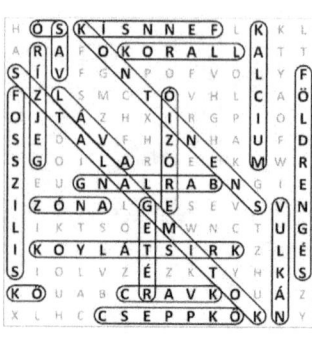

14 - Geología

15 - Álgebra

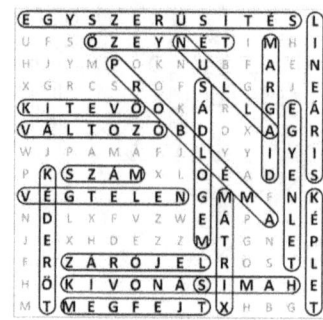

16 - Plantas

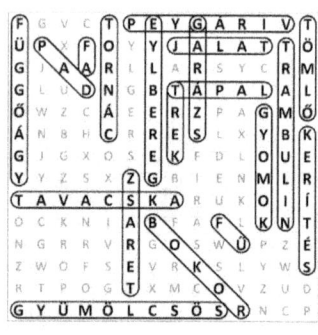

17 - Suministros de Arte

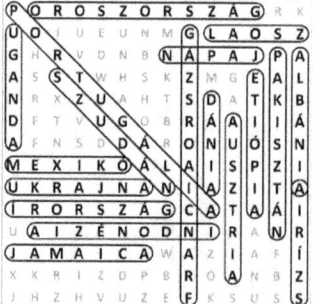

18 - Negocio

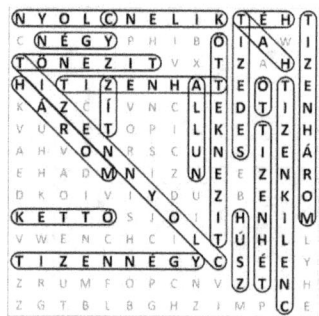

19 - Jardín

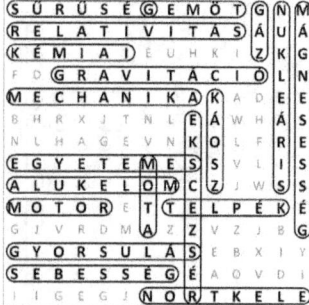

20 - Países #2

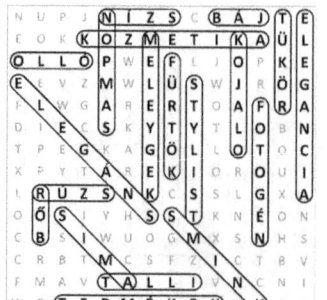

21 - Números

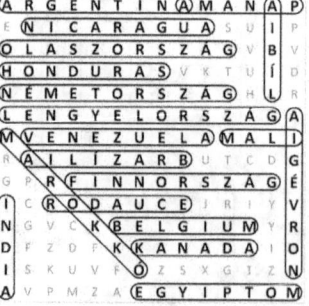

22 - Física

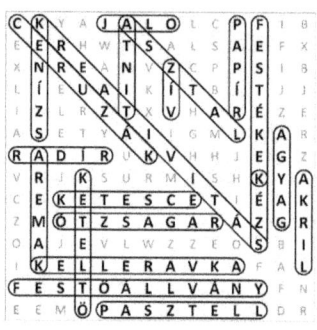

23 - Belleza

24 - Países #1

25 - Mitología

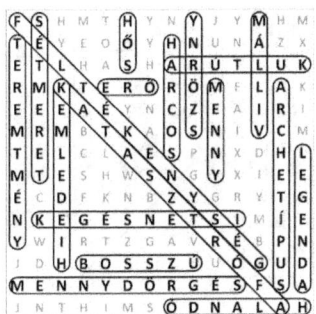

26 - Ecología

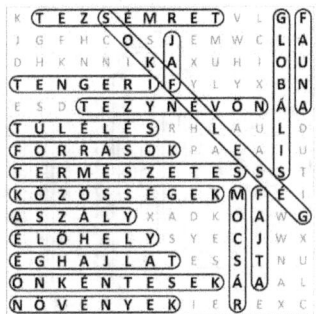

27 - Casa

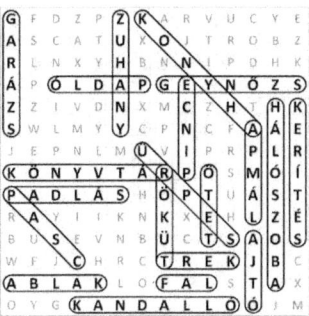

28 - Artes Visuales

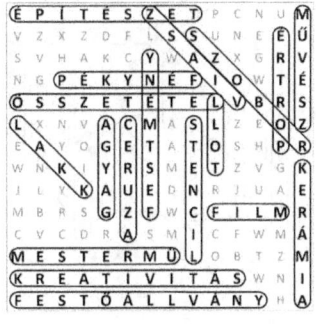

29 - Salud y Bienestar #2

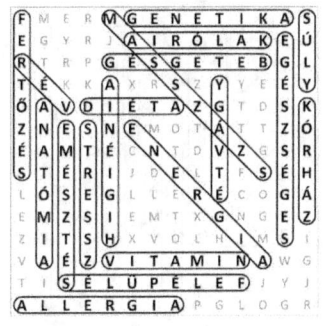

30 - Adjetivos #1

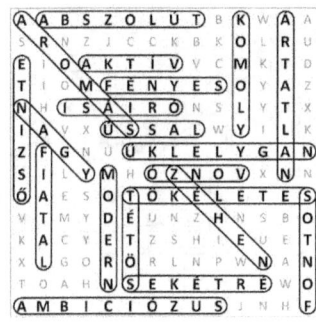

31 - Familia

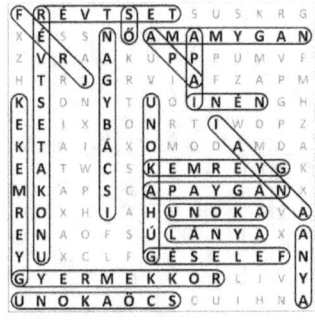

32 - Disciplinas Científicas

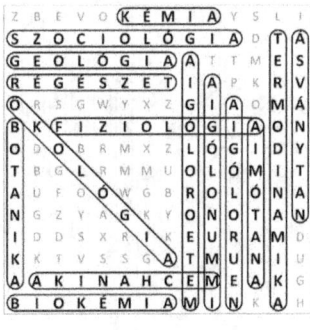

33 - Cocina

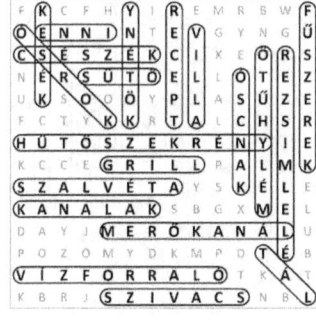

34 - Moda

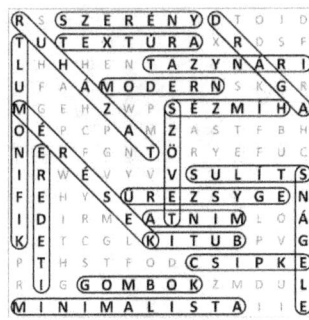

35 - Salud y Bienestar #1

36 - Adjetivos #2

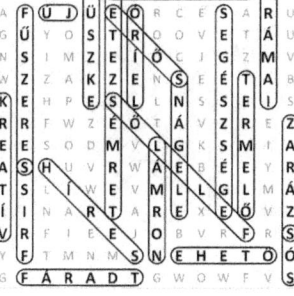

37 - Cuerpo Humano

38 - Ciencia

39 - Restaurante #2

40 - Profesiones #1

41 - Vehículos

42 - Geometría

43 - Vacaciones #2

44 - Baile

45 - Matemáticas

46 - Restaurante #1

47 - Profesiones #2

48 - Naturaleza

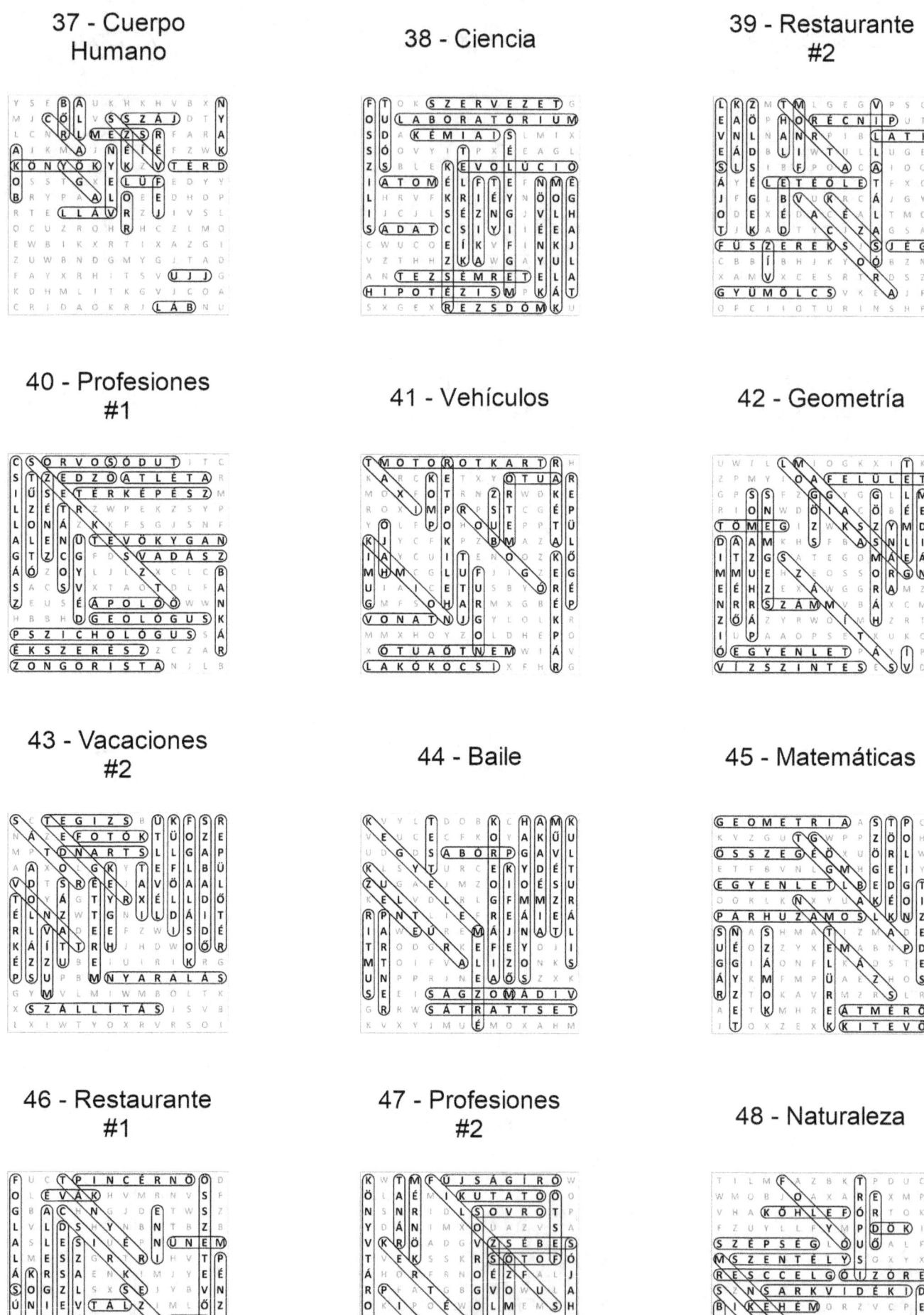

49 - Conduciendo

KAMION · UTCA · MOTOR · TÉRKÉP · SÁTILLÁZS · BIZTONSÁGY · GARÁZS · GAYNAMEZÜ

50 - Ballet

KÖZEJEFIK · ZP · BALERINA · SPAT · SULÍTS · KOSOCNÁT · ZENEKAR · RITMUS · GÉSNÖZÖK · ZENESZERZŐ

51 - Fuerza y Gravedad

TERJESZKEDÉS · TENGELY · SEBESSÉG · TULAJDONSÁG · ASEMETEYGE · SAMOYNK · FIZIKA · HATÁS · KÖZPONT · SÚLY · TÁVOLSÁG · MECHANIKA · FELFEDEZÉS

52 - Aventura

BIZTONSÁG · KERÁTDÚLTSZOK · LEHETŐSÉG · SZÉPSÉG · ÚTVONAL · MEGLEPŐ · TEVÉKENYSÉG · NAVIGÁCIO

53 - Pájaros

FLAMINGÓ · GÓLYA · HATTYÚ · KAR · PAYLÁRIS · LIBAS · JÁGAPAP

54 - Geografía

KONTINENS · HOSSZÚSÁG · MERIDIÁN · SORÁV · SZALTA · REGNET · TERÜLET · VIDÉK

55 - Música

SUKIZSSAL · KENE · RITMUS · LEKENE · HARMÓNIA · IENEZ · RÖGTÖNÖZ · HARMONIKUS · ÉNEKES · ALBUM · ALLAD

56 - Actividades

SZABADIDŐ · MŰVÉSZET · KEYNÉVTJER · TAZSÁDAV · AIMAREK · VÉTAZSALAH · OLVASÁS · KERTÉSZKEDÉS · KÉZMŰVESSÉG

57 - Verduras

ZELLER · SPENÓT · OSROB · UBORKA · ILOKKORB · NÁSZILDAP · GYOBJALO · ABMOG · FEHÉRRÉPA · RETEK · FOKHAGYMA · TÁLAS · GYÖMBÉR · PETREZSELYEM · ARTICSÓKA · MYGAH · PARADICSOM

58 - Mascotas

KORAF · SONKET · LUYN · CICA · GHALI · AKSCAM · MANCSOK · ÉLELMISZER · PAPAGÁJ · PÓRÁZ · NÉHE

59 - Formas

PRIZMA · REGNEH · HIPERBOLA · LANOV · AKKOK · KORAS

60 - Flores

HIBISZKUSZ · NAPRAFORGO · GARDÉNIA · TULIPÁN · AEDIHCRO · NÁRCISZ · ZNSZIROM · JÁZMIN · GÁRIVMORÖK · CSOKOR · ASZÓR · MAGNÓLIA · BAZSARÓZSA · LEVENDULA · HALVÁNYLILA

61 - Astronomía

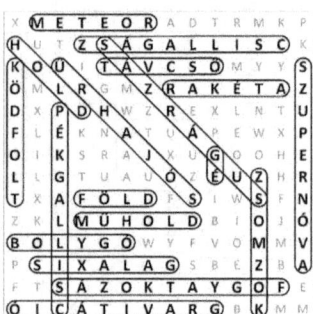

62 - Tiempo

63 - Paisajes

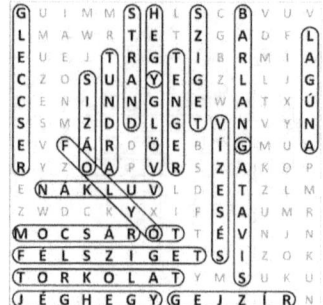

64 - Días y Meses

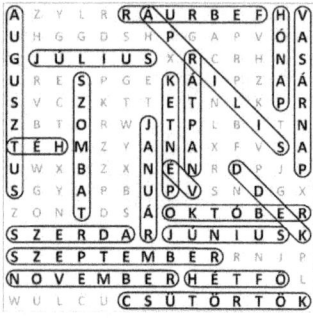

65 - Jardinería

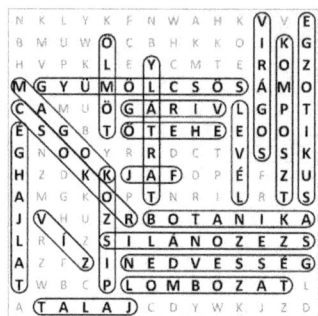

66 - Barbacoas

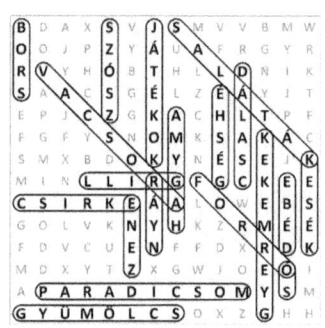

67 - Ropa

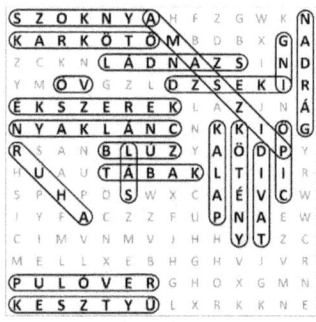

68 - Meditación

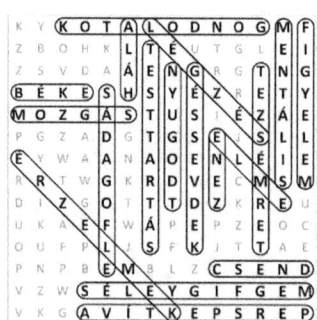

69 - Café

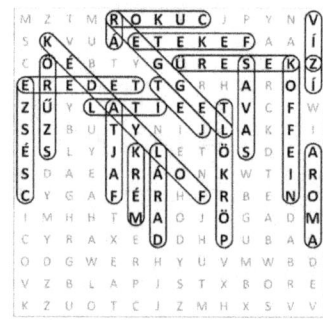

70 - Libros

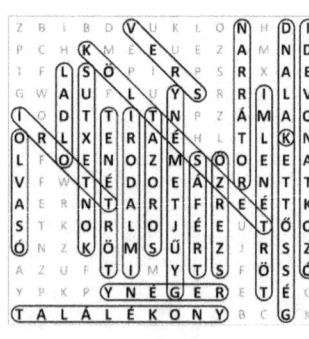

71 - Los Medios de Comunicación

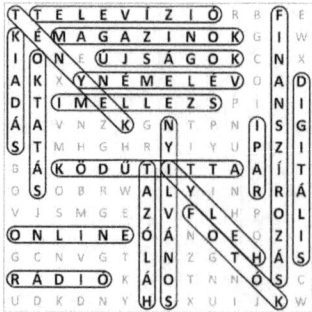

72 - Nutrición

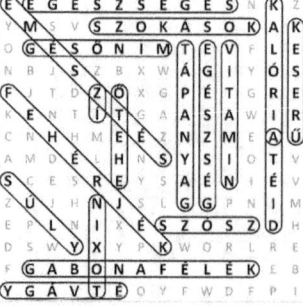

73 - Edificios

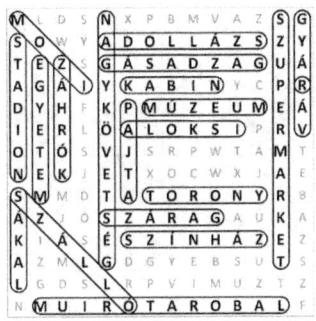

74 - Océano

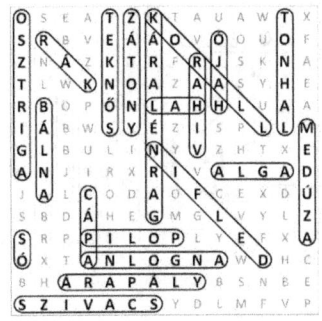

75 - Ciudad

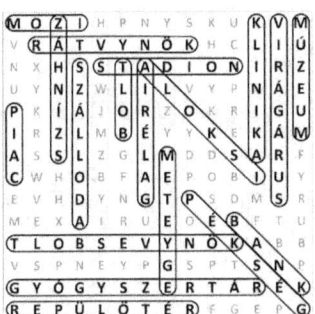

76 - Deporte

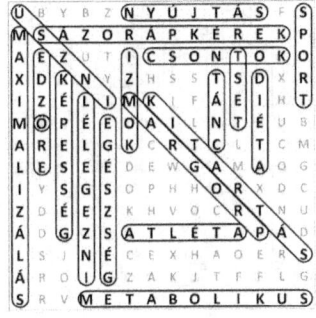

77 - Actividades y Ocio

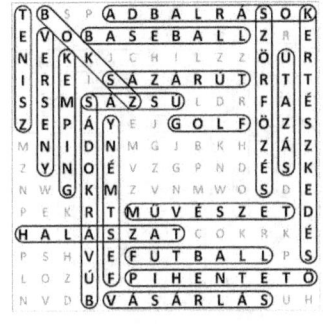

78 - Ingeniería

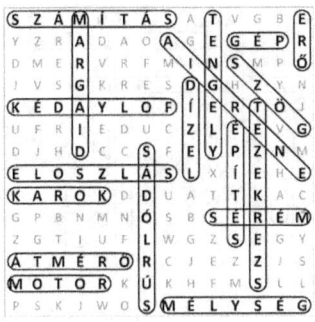

79 - Comida #1

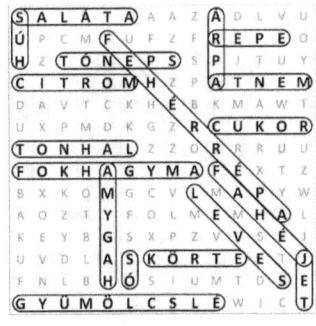

80 - Antigüedades

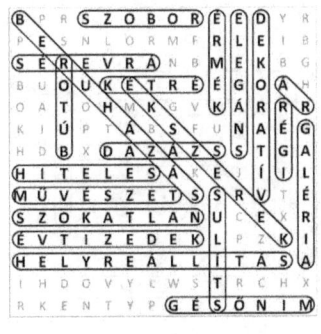

81 - Literatura

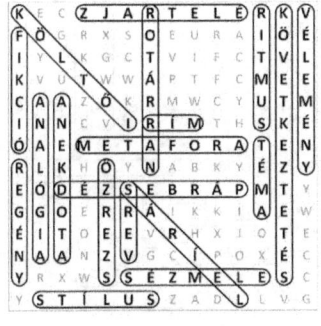

82 - Química

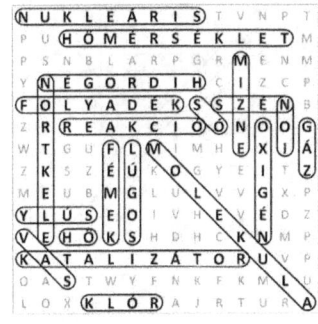

83 - Gobierno

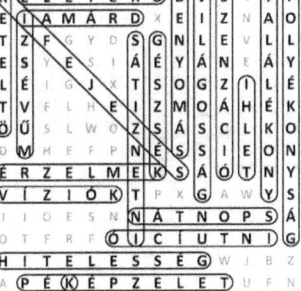

84 - Creatividad

85 - Filantropía

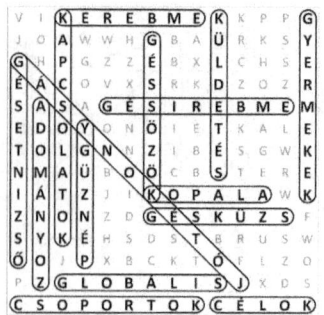

86 - Clima

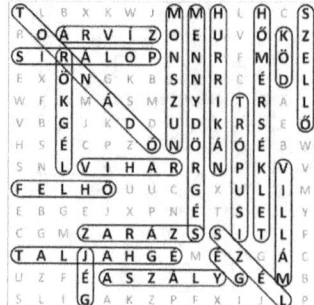

87 - Comida #2

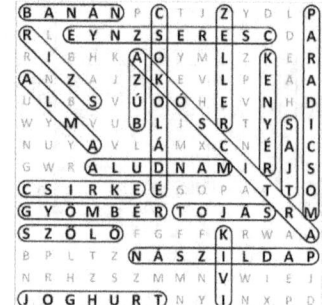

88 - Diplomacia

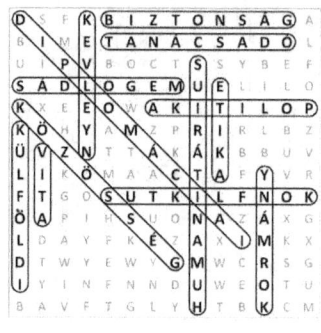

89 - Herboristería

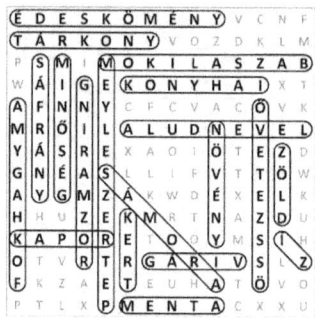

90 - Energía

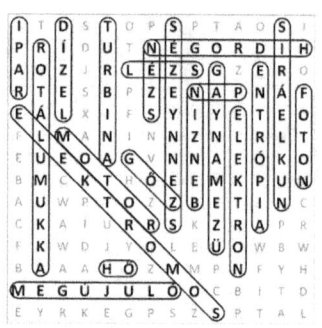

91 - Especias

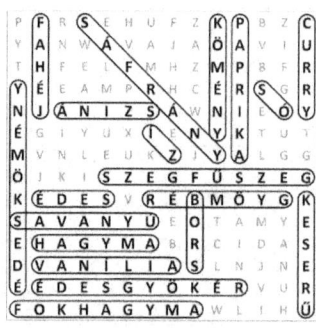

92 - Universo

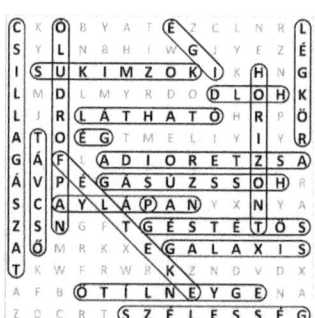

93 - Jazz

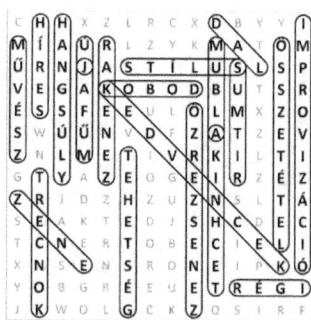

94 - Mediciones

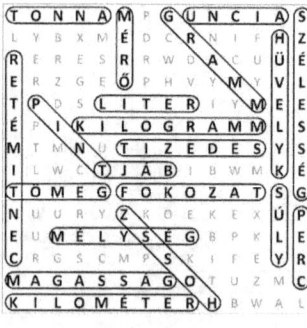

95 - Barcos

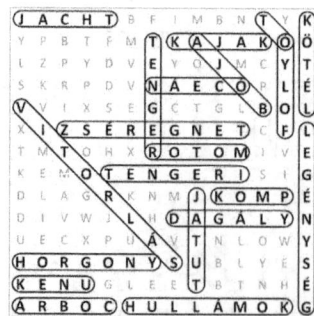

96 - Antártida

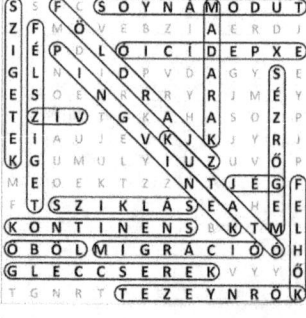

97 - Mamíferos

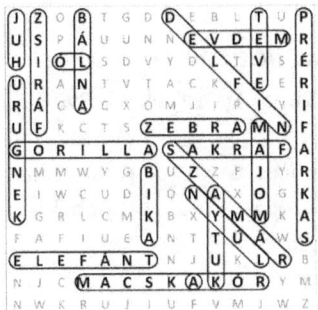

98 - Boxeo

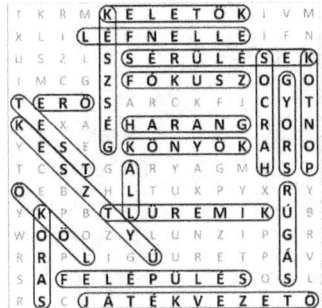

99 - Abejas

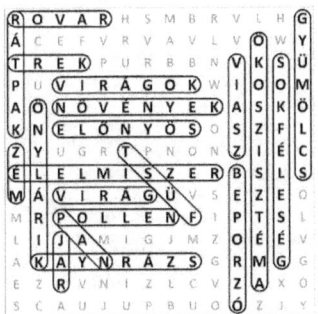

100 - Psicología

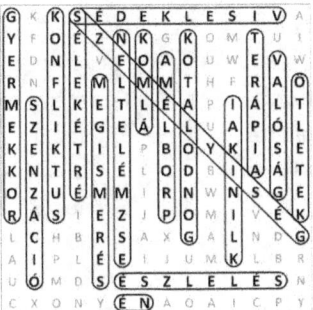

Diccionario

Abejas
Méhek

Alas	Szárnyak
Beneficioso	Előnyös
Cera	Viasz
Colmena	Kaptár
Comida	Élelmiszer
Diversidad	Sokféleség
Ecosistema	Ökoszisztéma
Enjambre	Raj
Flor	Virág
Flores	Virágok
Fruta	Gyümölcs
Humo	Füst
Insecto	Rovar
Jardín	Kert
Miel	Méz
Plantas	Növények
Polen	Pollen
Polinizador	Beporzó
Reina	Királynő
Sol	Nap

Actividades
Tevékenységek

Actividad	Tevékenység
Arte	Művészet
Artesanía	Kézművesség
Caza	Vadászat
Cerámica	Kerámia
Costura	Varrás
Fotografía	Fényképezés
Habilidad	Készség
Intereses	Érdekek
Jardinería	Kertészkedés
Juegos	Játékok
Lectura	Olvasás
Magia	Mágia
Ocio	Szabadidő
Pesca	Halászat
Pintura	Festmény
Placer	Öröm
Relajación	Kikapcsolódás
Rompecabezas	Rejtvények
Senderismo	Túrázás

Actividades y Ocio
Tevékenységek és Szabadi

Arte	Művészet
Baloncesto	Kosárlabda
Béisbol	Baseball
Boxeo	Boksz
Buceo	Búvárkodás
Camping	Kemping
Carreras	Verseny
Compras	Vásárlás
Fútbol	Futball
Golf	Golf
Jardinería	Kertészkedés
Natación	Úszás
Pesca	Halászat
Pintura	Festmény
Relajante	Pihentető
Senderismo	Túrázás
Surf	Szörfözés
Tenis	Tenisz
Viaje	Utazás
Voleibol	Röplabda

Adjetivos #1
Melléknevek #1

Absoluto	Abszolút
Activo	Aktív
Ambicioso	Ambiciózus
Aromático	Aromás
Atractivo	Vonzó
Brillante	Fényes
Enorme	Óriási
Generoso	Nagylelkű
Grande	Nagy
Honesto	Őszinte
Importante	Fontos
Inocente	Ártatlan
Joven	Fiatal
Lento	Lassú
Moderno	Modern
Oscuro	Sötét
Perfecto	Tökéletes
Pesado	Nehéz
Serio	Komoly
Valioso	Értékes

Adjetivos #2
Melléknevek #2

Cansado	Fáradt
Comestible	Ehető
Creativo	Kreatív
Descriptivo	Leíró
Dramático	Drámai
Elegante	Elegáns
Famoso	Híres
Fresco	Friss
Fuerte	Erős
Interesante	Érdekes
Natural	Természetes
Normal	Normál
Nuevo	Új
Orgulloso	Büszke
Picante	Fűszeres
Productivo	Termelő
Responsable	Felelős
Salado	Sós
Saludable	Egészséges
Seco	Száraz

Agua
Víz

Canal	Csatorna
Ducha	Zuhany
Evaporación	Párolgás
Géiser	Gejzír
Helada	Fagy
Hielo	Jég
Humedad	Páratartalom
Huracán	Hurrikán
Húmedo	Nedves
Inundación	Árvíz
Lago	Tó
Lluvia	Eső
Monzón	Monszun
Nieve	Hó
Océano	Óceán
Olas	Hullámok
Potable	Iható
Riego	Öntözés
Río	Folyó
Vapor	Gőz

Ajedrez
Sakk

Aprender	Tanulni
Blanco	Fehér
Campeón	Bajnok
Concurso	Verseny
Diagonal	Átlós
Estrategia	Stratégia
Inteligente	Okos
Juego	Játék
Jugador	Játékos
Negro	Fekete
Oponente	Ellenfél
Pasivo	Passzív
Puntos	Pontok
Reglas	Szabályok
Reina	Királynő
Rey	Király
Sacrificio	Áldozat
Tiempo	Idő
Torneo	Torna

Antártida
Antarktisz

Agua	Víz
Bahía	Öböl
Científico	Tudományos
Conservación	Megőrzés
Continente	Kontinens
Expedición	Expedíció
Geografía	Földrajz
Glaciares	Gleccserek
Hielo	Jég
Investigador	Kutató
Islas	Szigetek
Medio Ambiente	Környezet
Migración	Migráció
Nubes	Felhők
Pájaros	Madarak
Península	Félsziget
Pingüinos	Pingvinek
Rocoso	Sziklás
Temperatura	Hőmérséklet
Topografía	Topográfia

Antigüedades
Régiségek

Arte	Művészet
Auténtico	Hiteles
Calidad	Minőség
Decorativo	Dekoratív
Décadas	Évtizedek
Elegante	Elegáns
Escultura	Szobor
Estilo	Stílus
Galería	Galéria
Inusual	Szokatlan
Inversión	Beruházás
Joyas	Ékszerek
Monedas	Érmék
Mueble	Bútor
Precio	Ár
Restauración	Helyreállítás
Siglo	Század
Subasta	Árverés
Valor	Érték
Viejo	Régi

Arqueología
Régészet

Análisis	Elemzés
Antigüedad	Ókor
Años	Év
Civilización	Civilizáció
Descendiente	Leszármazott
Desconocido	Ismeretlen
Equipo	Csapat
Era	Korszak
Evaluación	Értékelés
Experto	Szakértő
Fósil	Fosszilis
Huesos	Csontok
Investigador	Kutató
Misterio	Rejtély
Objetos	Objektumok
Olvidado	Elfelejtett
Profesor	Professzor
Reliquia	Ereklye
Templo	Templom
Tumba	Sír

Artes Visuales
Vizuális Művészetek

Arcilla	Agyag
Arquitectura	Építészet
Artista	Művész
Barniz	Lakk
Caballete	Festőállvány
Cera	Viasz
Cerámica	Kerámia
Composición	Összetétel
Creatividad	Kreativitás
Escultura	Szobor
Fotografía	Fénykép
Lápiz	Ceruza
Obra Maestra	Mestermű
Película	Film
Perspectiva	Perspektíva
Pintura	Festmény
Plantilla	Stencil
Pluma	Toll
Retrato	Portré
Tiza	Kréta

Astronomía
Csillagászat

Asteroide	Aszteroida
Astronauta	Űrhajós
Astrónomo	Csillagász
Cielo	Ég
Cohete	Rakéta
Constelación	Csillagkép
Cosmos	Kozmosz
Eclipse	Fogyatkozás
Galaxia	Galaxis
Gravedad	Gravitáció
Luna	Hold
Meteoro	Meteor
Nebulosa	Ködfolt
Planeta	Bolygó
Radiación	Sugárzás
Satélite	Műhold
Supernova	Szupernóva
Telescopio	Távcső
Tierra	Föld
Universo	Univerzum

Aventura
Kaland

Actividad	Tevékenység
Alegría	Öröm
Amigos	Barátok
Belleza	Szépség
Dificultad	Nehézség
Entusiasmo	Lelkesedés
Excursión	Kirándulás
Inusual	Szokatlan
Itinerario	Útvonal
Naturaleza	Természet
Navegación	Navigáció
Nuevo	Új
Oportunidad	Lehetőség
Peligroso	Veszélyes
Preparación	Előkészítés
Seguridad	Biztonság
Sorprendente	Meglepő
Valentía	Bátorság
Viajes	Utazások

Aviones
Repülőgépek

Aire	Levegő
Altura	Magasság
Aterrizaje	Leszállás
Atmósfera	Légkör
Aventura	Kaland
Cielo	Ég
Combustible	Üzemanyag
Construcción	Építés
Dirección	Irány
Diseño	Tervezés
Globo	Ballon
Hélices	Propellerek
Hidrógeno	Hidrogén
Historia	Történelem
Motor	Motor
Navegar	Hajózik
Pasajero	Utas
Piloto	Pilóta
Tripulación	Legénység
Turbulencia	Turbulencia

Álgebra
Algebra

Cantidad	Mennyiség
Cero	Nulla
Diagrama	Diagram
Ecuación	Egyenlet
Exponente	Kitevő
Factor	Tényező
Falso	Hamis
Fórmula	Képlet
Fracción	Töredék
Infinito	Végtelen
Lineal	Lineáris
Matriz	Mátrix
Número	Szám
Paréntesis	Zárójel
Problema	Probléma
Resolver	Megfejt
Resta	Kivonás
Simplificar	Egyszerűsítés
Solución	Megoldás
Variable	Változó

Baile
Tánc

Academia	Akadémia
Alegre	Vidám
Arte	Művészet
Clásico	Klasszikus
Coreografía	Koreográfia
Cuerpo	Test
Cultura	Kultúra
Cultural	Kulturális
Emoción	Érzelem
Ensayo	Próba
Expresivo	Kifejező
Gracia	Kegyelem
Movimiento	Mozgás
Música	Zene
Postura	Testtartás
Ritmo	Ritmus
Socio	Partner
Tradicional	Hagyományos
Visual	Vizuális

Ballet
Balett

Aplauso	Taps
Artístico	Művészi
Audiencia	Közönség
Bailarina	Balerina
Bailarines	Táncosok
Compositor	Zeneszerző
Coreografía	Koreográfia
Ensayo	Próba
Estilo	Stílus
Expresivo	Kifejező
Gesto	Gesztus
Habilidad	Készség
Intensidad	Intenzitás
Músculos	Izmok
Música	Zene
Orquesta	Zenekar
Práctica	Gyakorlat
Ritmo	Ritmus
Solo	Szóló
Técnica	Technika

Barbacoas
Grillezés

Almuerzo	Ebéd
Caliente	Forró
Cebollas	Hagyma
Cena	Vacsora
Cuchillos	Kések
Ensaladas	Saláták
Familia	Család
Fruta	Gyümölcs
Hambre	Éhség
Juegos	Játékok
Música	Zene
Niños	Gyermekek
Parrilla	Grill
Pimienta	Bors
Pollo	Csirke
Sal	Só
Salsa	Szósz
Tomates	Paradicsom
Verano	Nyár
Verduras	Zöldségek

Barcos
Csónakok

Ancla	Horgony
Balsa	Tutaj
Boya	Bója
Canoa	Kenu
Cuerda	Kötél
Ferry	Komp
Kayak	Kajak
Lago	Tó
Mar	Tenger
Marea	Dagály
Marinero	Tengerész
Mástil	Árboc
Motor	Motor
Náutico	Tengeri
Océano	Óceán
Olas	Hullámok
Río	Folyó
Tripulación	Legénység
Velero	Vitorlás
Yate	Jacht

Belleza
Szépség

Aceites	Olajok
Champú	Sampon
Color	Szín
Cosméticos	Kozmetika
Elegancia	Elegancia
Elegante	Elegáns
Encanto	Báj
Espejo	Tükör
Estilista	Stylist
Fotogénico	Fotogén
Fragancia	Illat
Gracia	Kegyelem
Maquillaje	Smink
Piel	Bőr
Pintalabios	Rúzs
Productos	Termékek
Rizos	Fürtök
Suave	Sima
Tijeras	Olló

Boxeo
Boksz

Árbitro	Játékvezető
Barbilla	Áll
Campana	Harang
Centrar	Fókusz
Codo	Könyök
Cuerdas	Kötelek
Cuerpo	Test
Esquina	Sarok
Exhausto	Kimerült
Fuerza	Erő
Guantes	Kesztyű
Habilidad	Készség
Lesiones	Sérülések
Luchador	Harcos
Oponente	Ellenfél
Patear	Rúgás
Puntos	Pontok
Puño	Ököl
Rápido	Gyors
Recuperación	Felépülés

Café
Kávé

Agua	Víz
Amargo	Keserű
Aroma	Aroma
Asado	Pörkölt
Azúcar	Cukor
Ácido	Savas
Bebida	Ital
Cafeína	Koffein
Crema	Krém
Filtro	Szűrő
Leche	Tej
Líquido	Folyadék
Mañana	Reggel
Moler	Darál
Negro	Fekete
Origen	Eredet
Precio	Ár
Sabor	Íz
Taza	Csésze
Variedad	Fajta

Camping
Kemping

Animales	Állatok
Aventura	Kaland
Árboles	Fák
Bosque	Erdő
Brújula	Iránytű
Cabina	Kabin
Canoa	Kenu
Caza	Vadászat
Cuerda	Kötél
Equipo	Felszerelés
Fuego	Tűz
Hamaca	Függőágy
Insecto	Rovar
Lago	Tó
Linterna	Lámpa
Luna	Hold
Mapa	Térkép
Montaña	Hegy
Naturaleza	Természet
Sombrero	Kalap

Casa
Ház

Alfombra	Szőnyeg
Ático	Padlás
Biblioteca	Könyvtár
Chimenea	Kandalló
Cocina	Konyha
Dormitorio	Hálószoba
Ducha	Zuhany
Escoba	Seprű
Espejo	Tükör
Garaje	Garázs
Grifo	Csap
Jardín	Kert
Lámpara	Lámpa
Pared	Fal
Piso	Padló
Puerta	Ajtó
Sótano	Pince
Techo	Tető
Valla	Kerítés
Ventana	Ablak

Ciencia
Tudomány

Átomo	Atom
Científico	Tudós
Clima	Éghajlat
Datos	Adat
Evolución	Evolúció
Experimento	Kísérlet
Física	Fizika
Fósil	Fosszilis
Gravedad	Gravitáció
Hecho	Tény
Hipótesis	Hipotézis
Laboratorio	Laboratórium
Método	Módszer
Moléculas	Molekulák
Naturaleza	Természet
Observación	Megfigyelés
Organismo	Szervezet
Partículas	Részecskék
Plantas	Növények
Químico	Kémiai

Ciencia Ficción
Sci-Fi

Atómico	Atomi
Cine	Mozi
Distante	Távoli
Explosión	Robbanás
Extremo	Szélsőséges
Fantástico	Fantasztikus
Fuego	Tűz
Futurista	Futurisztikus
Galaxia	Galaxis
Ilusión	Illúzió
Imaginario	Képzeletbeli
Libros	Könyvek
Misterioso	Rejtélyes
Mundo	Világ
Oráculo	Jóslat
Planeta	Bolygó
Realista	Reális
Robots	Robotok
Tecnología	Technológia
Utopía	Utópia

Circo
Cirkusz

Acróbata	Akrobata
Animales	Állatok
Caramelo	Cukorka
Carpa	Sátor
Desfile	Parádé
Elefante	Elefánt
Entretener	Szórakoztat
Espectador	Néző
Globos	Léggömbök
León	Oroszlán
Magia	Mágia
Mago	Bűvész
Malabarista	Zsonglőr
Mono	Majom
Mostrar	Előadás
Música	Zene
Payaso	Bohóc
Tigre	Tigris
Traje	Jelmez
Truco	Trükk

Ciudad
Város

Aeropuerto	Repülőtér
Banco	Bank
Biblioteca	Könyvtár
Cine	Mozi
Clínica	Klinika
Escuela	Iskola
Estadio	Stadion
Farmacia	Gyógyszertár
Florista	Virágárus
Galería	Galéria
Hotel	Szálloda
Librería	Könyvesbolt
Mercado	Piac
Museo	Múzeum
Panadería	Pékség
Supermercado	Szupermarket
Teatro	Színház
Tienda	Bolt
Universidad	Egyetem
Zoo	Állatkert

Clima
Időjárás

Atmósfera	Légkör
Brisa	Szellő
Cielo	Ég
Clima	Éghajlat
Hielo	Jég
Huracán	Hurrikán
Inundación	Árvíz
Monzón	Monszun
Niebla	Köd
Nube	Felhő
Polar	Poláris
Rayo	Villám
Seco	Száraz
Sequía	Aszály
Temperatura	Hőmérséklet
Tormenta	Vihar
Tornado	Tornádó
Tropical	Trópusi
Trueno	Mennydörgés
Viento	Szél

Cocina
Konyha

Caldera	Vízforraló
Comer	Enni
Comida	Élelmiszer
Congelador	Mélyhűtő
Cucharas	Kanalak
Cucharón	Merőkanál
Cuchillos	Kések
Delantal	Kötény
Especias	Fűszerek
Esponja	Szivacs
Horno	Sütő
Jarra	Kancsó
Parrilla	Grill
Receta	Recept
Refrigerador	Hűtőszekrény
Servilleta	Szalvéta
Tarro	Korsó
Tazas	Csészék
Tazón	Tál
Tenedores	Villa

Comida #1
Élelmiszer #1

Ajo	Fokhagyma
Albahaca	Bazsalikom
Atún	Tonhal
Azúcar	Cukor
Canela	Fahéj
Carne	Hús
Cebada	Árpa
Cebolla	Hagyma
Ensalada	Saláta
Espinacas	Spenót
Fresa	Eper
Jugo	Gyümölcslé
Leche	Tej
Limón	Citrom
Menta	Menta
Nabo	Fehérrépa
Pera	Körte
Sal	Só
Sopa	Leves
Zanahoria	Sárgarépa

Comida #2
Élelmiszer # 2

Alcachofa	Articsóka
Almendra	Mandula
Apio	Zeller
Arroz	Rizs
Berenjena	Padlizsán
Cereza	Cseresznye
Chocolate	Csokoládé
Girasol	Napraforgó
Huevo	Tojás
Jengibre	Gyömbér
Kiwi	Kivi
Manzana	Alma
Pan	Kenyér
Plátano	Banán
Pollo	Csirke
Queso	Sajt
Tomate	Paradicsom
Trigo	Búza
Uva	Szőlő
Yogur	Joghurt

Conduciendo
Vezetés

Accidente	Baleset
Calle	Utca
Camión	Kamion
Coche	Autó
Combustible	Üzemanyag
Frenos	Fékek
Garaje	Garázs
Gas	Gáz
Licencia	Engedély
Mapa	Térkép
Motocicleta	Motorkerékpár
Motor	Motor
Peatonal	Gyalogos
Peligro	Veszély
Policía	Rendőrség
Seguridad	Biztonság
Transporte	Szállítás
Tráfico	Forgalom
Túnel	Alagút
Velocidad	Sebesség

Creatividad
Kreativitás

Artístico	Művészi
Autenticidad	Hitelesség
Claridad	Világosság
Dramático	Drámai
Emociones	Érzelmek
Espontáneo	Spontán
Expresión	Kifejezés
Fluidez	Folyékonyság
Habilidad	Készség
Ideas	Ötletek
Imagen	Kép
Imaginación	Képzelet
Impresión	Benyomás
Inspiración	Ihlet
Intensidad	Intenzitás
Intuición	Intuíció
Inventivo	Találékony
Sensación	Szenzáció
Visiones	Víziók
Vitalidad	Életerő

Cuerpo Humano
Emberi Test

Barbilla	Áll
Boca	Száj
Cabeza	Fej
Cara	Arc
Cerebro	Agy
Codo	Könyök
Corazón	Szív
Cuello	Nyak
Dedo	Ujj
Hombro	Váll
Lengua	Nyelv
Mano	Kéz
Nariz	Orr
Ojo	Szem
Oreja	Fül
Piel	Bőr
Pierna	Láb
Rodilla	Térd
Sangre	Vér
Tobillo	Boka

Deporte
Sport

Atleta	Atléta
Baile	Tánc
Capacidad	Képesség
Ciclismo	Kerékpározás
Cuerpo	Test
Deportes	Sport
Dieta	Diéta
Entrenador	Edző
Estiramiento	Nyújtás
Fuerza	Erő
Huesos	Csontok
Maximizar	Maximalizálás
Metabólico	Metabolikus
Músculos	Izmok
Nadar	Úszni
Nutrición	Táplálkozás
Programa	Program
Resistencia	Kitartás
Respirar	Lélegezni
Salud	Egészség

Diplomacia
Diplomácia

Asesor	Tanácsadó
Comunidad	Közösség
Conflicto	Konfliktus
Cooperación	Együttműködés
Diplomático	Diplomáciai
Discusión	Vita
Embajada	Nagykövetség
Embajador	Nagykövet
Extranjero	Külföldi
Ética	Etika
Gobierno	Kormány
Humanitario	Humanitárius
Idiomas	Nyelvek
Integridad	Integritás
Justicia	Igazságosság
Política	Politika
Resolución	Felbontás
Seguridad	Biztonság
Solución	Megoldás
Tratado	Szerződés

Disciplinas Científicas
Tudományos Tudományágak

Anatomía	Anatómia
Arqueología	Régészet
Astronomía	Csillagászat
Biología	Biológia
Bioquímica	Biokémia
Botánica	Botanika
Ecología	Ökológia
Fisiología	Fiziológia
Geología	Geológia
Inmunología	Immunológia
Lingüística	Nyelvészet
Mecánica	Mechanika
Meteorología	Meteorológia
Mineralogía	Ásványtan
Neurología	Neurológia
Psicología	Pszichológia
Química	Kémia
Sociología	Szociológia
Termodinámica	Termodinamika
Zoología	Állattan

Días y Meses
Napok és Hónapok

Abril	Április
Agosto	Augusztus
Año	Év
Calendario	Naptár
Domingo	Vasárnap
Enero	Január
Febrero	Február
Jueves	Csütörtök
Julio	Július
Junio	Június
Lunes	Hétfő
Martes	Kedd
Mes	Hónap
Miércoles	Szerda
Noviembre	November
Octubre	Október
Sábado	Szombat
Semana	Hét
Septiembre	Szeptember
Viernes	Péntek

Ecología
Ökológia

Clima	Éghajlat
Comunidades	Közösségek
Diversidad	Sokféleség
Especie	Faj
Fauna	Fauna
Flora	Növényvilág
Global	Globális
Hábitat	Élőhely
Marino	Tengeri
Natural	Természetes
Naturaleza	Természet
Pantano	Mocsár
Plantas	Növények
Recursos	Források
Sequía	Aszály
Sostenible	Fenntartható
Supervivencia	Túlélés
Variedad	Fajta
Vegetación	Növényzet
Voluntarios	Önkéntesek

Edificios
Épületek

Albergue	Szálló
Apartamento	Lakás
Cabina	Kabin
Castillo	Vár
Cine	Mozi
Embajada	Nagykövetség
Escuela	Iskola
Estadio	Stadion
Fábrica	Gyár
Garaje	Garázs
Granero	Pajta
Granja	Gazdaság
Hospital	Kórház
Hotel	Szálloda
Laboratorio	Laboratórium
Museo	Múzeum
Supermercado	Szupermarket
Teatro	Színház
Torre	Torony
Universidad	Egyetem

Energía
Energia

Batería	Akkumulátor
Calor	Hő
Carbono	Szén
Combustible	Üzemanyag
Contaminación	Szennyezés
Diesel	Dízel
Electrón	Elektron
Eléctrico	Elektromos
Entropía	Entrópia
Fotón	Foton
Gasolina	Benzin
Hidrógeno	Hidrogén
Industria	Ipar
Motor	Motor
Nuclear	Nukleáris
Renovable	Megújuló
Sol	Nap
Turbina	Turbina
Vapor	Gőz
Viento	Szél

Especias
Fűszerek

Agrio	Savanyú
Ajo	Fokhagyma
Amargo	Keserű
Anís	Ánizs
Azafrán	Sáfrány
Canela	Fahéj
Cebolla	Hagyma
Clavo	Szegfűszeg
Comino	Kömény
Curry	Curry
Dulce	Édes
Hinojo	Édeskömény
Jengibre	Gyömbér
Nuez Moscada	Szerecsendió
Pimentón	Paprika
Pimienta	Bors
Regaliz	Édesgyökér
Sabor	Íz
Sal	Só
Vainilla	Vanília

Familia
Család

Abuela	Nagymama
Abuelo	Nagyapa
Antepasado	Ős
Esposa	Feleség
Hermano	Testvér
Hija	Lánya
Infancia	Gyermekkor
Madre	Anya
Marido	Férj
Materno	Anyai
Nieto	Unoka
Niño	Gyermek
Niños	Gyermekek
Padre	Apa
Paterno	Apai
Primo	Unokatestvér
Sobrina	Unokahúg
Sobrino	Unokaöcs
Tía	Néni
Tío	Nagybácsi

Filantropía
Filantrópia

Caridad	Jótékonyság
Comunidad	Közösség
Contactos	Kapcsolatok
Donar	Adományoz
Finanzas	Pénzügy
Fondos	Alapok
Generosidad	Nagylelkűség
Gente	Emberek
Global	Globális
Grupos	Csoportok
Historia	Történelem
Honestidad	Őszinteség
Humanidad	Emberiség
Juventud	Ifjúság
Metas	Célok
Misión	Küldetés
Necesitar	Szükség
Niños	Gyermekek
Programas	Programok
Público	Nyilvános

Física
Fizika

Aceleración	Gyorsulás
Átomo	Atom
Caos	Káosz
Densidad	Sűrűség
Electrón	Elektron
Fórmula	Képlet
Frecuencia	Frekvencia
Gas	Gáz
Gravedad	Gravitáció
Magnetismo	Mágnesesség
Masa	Tömeg
Mecánica	Mechanika
Molécula	Molekula
Motor	Motor
Nuclear	Nukleáris
Partícula	Részecske
Químico	Kémiai
Relatividad	Relativitás
Universal	Egyetemes
Velocidad	Sebesség

Flores
Virágok

Amapola	Mák
Caléndula	Körömvirág
Diente de León	Pitypang
Gardenia	Gardénia
Girasol	Napraforgó
Hibisco	Hibiszkusz
Jazmín	Jázmin
Lavanda	Levendula
Lila	Halványlila
Lirio	Liliom
Magnolia	Magnólia
Margarita	Százszorszép
Narciso	Nárcisz
Orquídea	Orchidea
Peonía	Bazsarózsa
Pétalo	Szirom
Ramo	Csokor
Rosa	Rózsa
Trébol	Lóhere
Tulipán	Tulipán

Formas
Alakzatok

Arco	Ív
Bordes	Élek
Cilindro	Henger
Círculo	Kör
Cono	Kúp
Cuadrado	Négyzet
Cubo	Kocka
Elipse	Ellipszis
Esfera	Gömb
Esquina	Sarok
Hipérbola	Hiperbola
Lado	Oldal
Línea	Vonal
Oval	Ovális
Pirámide	Piramis
Polígono	Poligon
Prisma	Prizma
Rectángulo	Téglalap
Ronda	Kerek
Triángulo	Háromszög

Fruta
Gyümölcs

Aguacate	Avokádó
Albaricoque	Sárgabarack
Baya	Bogyó
Cereza	Cseresznye
Coco	Kókuszdió
Frambuesa	Málna
Guayaba	Gujávafa
Kiwi	Kivi
Limón	Citrom
Mango	Mangó
Manzana	Alma
Melocotón	Őszibarack
Melón	Dinnye
Naranja	Narancs
Nectarina	Nektarin
Papaya	Papaja
Pera	Körte
Piña	Ananász
Plátano	Banán
Uva	Szőlő

Fuerza y Gravedad
Erő és Gravitáció

Centro	Központ
Descubrimiento	Felfedezés
Dinámico	Dinamikus
Distancia	Távolság
Eje	Tengely
Expansión	Terjeszkedés
Física	Fizika
Fricción	Súrlódás
Impacto	Hatás
Magnetismo	Mágnesesség
Magnitud	Nagyság
Mecánica	Mechanika
Órbita	Pálya
Peso	Súly
Planetas	Bolygók
Presión	Nyomás
Propiedades	Tulajdonságok
Tiempo	Idő
Universal	Egyetemes
Velocidad	Sebesség

Geografía
Földrajz

Altitud	Magasság
Atlas	Atlasz
Ciudad	Város
Continente	Kontinens
Hemisferio	Félteke
Isla	Sziget
Latitud	Szélesség
Longitud	Hosszúság
Mapa	Térkép
Mar	Tenger
Meridiano	Meridián
Montaña	Hegy
Mundo	Világ
Norte	Észak
Oeste	Nyugat
País	Ország
Región	Vidék
Río	Folyó
Sur	Dél
Territorio	Terület

Geología
Geológia

Ácido	Sav
Calcio	Kalcium
Capa	Réteg
Caverna	Barlang
Continente	Kontinens
Coral	Korall
Cristales	Kristályok
Cuarzo	Kvarc
Erosión	Erózió
Estalactita	Cseppkő
Estalagmitas	Sztalagmitok
Fósil	Fosszilis
Géiser	Gejzír
Lava	Láva
Meseta	Fennsík
Piedra	Kő
Sal	Só
Terremoto	Földrengés
Volcán	Vulkán
Zona	Zóna

Geometría
Geometria

Altura	Magasság
Ángulo	Szög
Cálculo	Számítás
Curva	Ív
Diámetro	Átmérő
Dimensión	Dimenzió
Ecuación	Egyenlet
Horizontal	Vízszintes
Lógica	Logika
Masa	Tömeg
Mediana	Medián
Número	Szám
Paralelo	Párhuzamos
Proporción	Arány
Segmento	Szegmens
Simetría	Szimmetria
Superficie	Felület
Teoría	Elmélet
Triángulo	Háromszög
Vertical	Függőleges

Gobierno
Kormányzat

Civil	Polgári
Constitución	Alkotmány
Democracia	Demokrácia
Derechos	Jogok
Discurso	Beszéd
Discusión	Vita
Distrito	Kerület
Estado	Állam
Igualdad	Egyenlőség
Independencia	Függetlenség
Judicial	Bírósági
Justicia	Igazságosság
Ley	Törvény
Libertad	Szabadság
Líder	Vezető
Monumento	Emlékmű
Nacional	Nemzeti
Nación	Nemzet
Política	Politika
Símbolo	Szimbólum

Granja #1
Gazdaság #1

Abeja	Méh
Agricultura	Mezőgazdaság
Agua	Víz
Arroz	Rizs
Burro	Szamár
Caballo	Ló
Cabra	Kecske
Campo	Mező
Cuervo	Varjú
Fertilizante	Trágya
Gato	Macska
Heno	Széna
Miel	Méz
Perro	Kutya
Pollo	Csirke
Semillas	Magok
Ternero	Borjú
Tierra	Föld
Vaca	Tehén
Valla	Kerítés

Granja #2
2. Gazdaság

Agricultor	Gazda
Animales	Állatok
Cebada	Árpa
Colmena	Méhkas
Comida	Élelmiszer
Cordero	Bárány
Fruta	Gyümölcs
Granero	Pajta
Huerto	Gyümölcsös
Leche	Tej
Llama	Láma
Maíz	Kukorica
Oveja	Juh
Pastor	Pásztor
Pato	Kacsa
Prado	Rét
Riego	Öntözés
Tractor	Traktor
Trigo	Búza
Vegetal	Növényi

Herboristería
Herbalism

Ajo	Fokhagyma
Albahaca	Bazsalikom
Aromático	Aromás
Azafrán	Sáfrány
Calidad	Minőség
Culinario	Konyhai
Eneldo	Kapor
Estragón	Tárkony
Flor	Virág
Hinojo	Édeskömény
Ingrediente	Összetevő
Jardín	Kert
Lavanda	Levendula
Mejorana	Majoránna
Menta	Menta
Perejil	Petrezselyem
Planta	Növény
Romero	Rozmaring
Sabor	Íz
Verde	Zöld

Ingeniería
Műszaki

Ángulo	Szög
Cálculo	Számítás
Construcción	Építés
Diagrama	Diagram
Diámetro	Átmérő
Diesel	Dízel
Distribución	Eloszlás
Eje	Tengely
Energía	Energia
Estabilidad	Stabilitás
Estructura	Szerkezet
Fricción	Súrlódás
Fuerza	Erő
Líquido	Folyadék
Máquina	Gép
Medición	Mérés
Motor	Motor
Palancas	Karok
Profundidad	Mélység
Propulsión	Meghajtás

Jardinería
Kertészkedés

Agua	Víz
Botánico	Botanika
Clima	Éghajlat
Comestible	Ehető
Compost	Komposzt
Contenedor	Tartály
Especie	Faj
Estacional	Szezonális
Exótico	Egzotikus
Flor	Virág
Floral	Virágos
Follaje	Lombozat
Hoja	Levél
Huerto	Gyümölcsös
Humedad	Nedvesség
Manguera	Tömlő
Ramo	Csokor
Semillas	Magok
Suciedad	Piszok
Suelo	Talaj

Jardín
Kert

Arbusto	Bokor
Árbol	Fa
Banco	Pad
Césped	Gyep
Estanque	Tavacska
Flor	Virág
Garaje	Garázs
Hamaca	Függőágy
Hierba	Fű
Huerto	Gyümölcsös
Jardín	Kert
Malezas	Gyomok
Manguera	Tömlő
Pala	Lapát
Porche	Tornác
Rastrillo	Gereblye
Suelo	Talaj
Terraza	Terasz
Trampolín	Trambulin
Valla	Kerítés

Jazz
Dzsessz

Artista	Művész
Álbum	Album
Canción	Dal
Composición	Összetétel
Compositor	Zeneszerző
Concierto	Koncert
Estilo	Stílus
Énfasis	Hangsúly
Famoso	Híres
Favoritos	Kedvencek
Género	Műfaj
Improvisación	Improvizáció
Música	Zene
Nuevo	Új
Orquesta	Zenekar
Ritmo	Ritmus
Talento	Tehetség
Tambores	Dobok
Técnica	Technika
Viejo	Régi

La Empresa
A Cég

Calidad	Minőség
Creativo	Kreatív
Decisión	Döntés
Global	Globális
Industria	Ipar
Ingresos	Bevétel
Innovador	Innovatív
Inversión	Beruházás
Negocio	Üzleti
Posibilidad	Lehetőség
Presentación	Bemutatás
Producto	Termék
Profesional	Szakmai
Progreso	Haladás
Recursos	Források
Reputación	Hírnév
Riesgos	Kockázatok
Salarios	Bér
Tendencias	Trendek
Unidades	Egységek

Libros
Könyvek

Autor	Szerző
Aventura	Kaland
Colección	Gyűjtemény
Contexto	Kontextus
Dualidad	Kettősség
Escrito	Írott
Historia	Történet
Histórico	Történelmi
Humorístico	Tréfás
Inventivo	Találékony
Lector	Olvasó
Literario	Irodalmi
Narrador	Narrátor
Novela	Regény
Página	Oldal
Pertinente	Ide Vonatkozó
Poema	Vers
Poesía	Költészet
Serie	Sorozat
Trágico	Tragikus

Literatura
Irodalom

Analogía	Analógia
Análisis	Elemzés
Anécdota	Anekdota
Autor	Szerző
Biografía	Életrajz
Conclusión	Következtetés
Descripción	Leírás
Diálogo	Párbeszéd
Estilo	Stílus
Ficción	Fikció
Metáfora	Metafora
Narrador	Narrátor
Novela	Regény
Opinión	Vélemény
Poema	Vers
Poético	Költői
Rima	Rím
Ritmo	Ritmus
Tema	Téma
Tragedia	Tragédia

Los Medios de Comunicación
A Média

Actitudes	Attitűdök
Comercial	Kereskedelmi
Comunicación	Kommunikáció
Digital	Digitális
Edición	Kiadás
Educación	Oktatás
En Línea	Online
Financiación	Finanszírozás
Fotos	Fotók
Hechos	Tények
Industria	Ipar
Intelectual	Szellemi
Local	Helyi
Opinión	Vélemény
Periódicos	Újságok
Público	Nyilvános
Radio	Rádió
Red	Hálózat
Revistas	Magazinok
Televisión	Televízió

Mamíferos
Emlősök

Ballena	Bálna
Burro	Szamár
Caballo	Ló
Camello	Teve
Canguro	Kenguru
Cebra	Zebra
Conejo	Nyúl
Coyote	Prérifarkas
Delfín	Delfin
Elefante	Elefánt
Gato	Macska
Gorila	Gorilla
Jirafa	Zsiráf
Lobo	Farkas
Mono	Majom
Oso	Medve
Oveja	Juh
Perro	Kutya
Toro	Bika
Zorro	Róka

Mascotas
Háziállatok

Agua	Víz
Cabra	Kecske
Cachorro	Kiskutya
Cola	Farok
Collar	Gallér
Comida	Élelmiszer
Conejo	Nyúl
Correa	Póráz
Gatito	Cica
Gato	Macska
Hámster	Hörcsög
Lagarto	Gyík
Loro	Papagáj
Patas	Mancsok
Perro	Kutya
Pescado	Hal
Ratón	Egér
Tortuga	Teknős
Vaca	Tehén
Veterinario	Állatorvos

Matemáticas
Matematika

Aritmética	Számtan
Ángulos	Szögek
Cuadrado	Négyzet
Decimal	Tizedes
Diámetro	Átmérő
Ecuación	Egyenlet
Esfera	Gömb
Exponente	Kitevő
Fracción	Töredék
Geometría	Geometria
Números	Számok
Paralelo	Párhuzamos
Perímetro	Kerület
Perpendicular	Merőleges
Polígono	Poligon
Radio	Sugár
Rectángulo	Téglalap
Simetría	Szimmetria
Suma	Összeg
Triángulo	Háromszög

Mediciones
Mérések

Altura	Magasság
Ancho	Szélesség
Byte	Bájt
Centímetro	Centiméter
Decimal	Tizedes
Grado	Fokozat
Gramo	Gramm
Kilogramo	Kilogramm
Kilómetro	Kilométer
Litro	Liter
Longitud	Hossz
Masa	Tömeg
Metro	Mérő
Minuto	Perc
Onza	Uncia
Peso	Súly
Pinta	Pint
Profundidad	Mélység
Pulgada	Hüvelyk
Tonelada	Tonna

Meditación
Elmélkedés

Aceptación	Elfogadás
Atención	Figyelem
Bondad	Kedvesség
Calma	Nyugodt
Claridad	Világosság
Compasión	Együttérzés
Emociones	Érzelmek
Gratitud	Hála
Mental	Mentális
Mente	Elme
Movimiento	Mozgás
Música	Zene
Naturaleza	Természet
Observación	Megfigyelés
Paz	Béke
Pensamientos	Gondolatok
Perspectiva	Perspektíva
Postura	Testtartás
Respiración	Légzés
Silencio	Csend

Mitología
Mitológia

Arquetipo	Archetípus
Celos	Féltékenység
Cielo	Menny
Comportamiento	Viselkedés
Creación	Teremtés
Creencias	Hiedelmek
Criatura	Teremtmény
Cultura	Kultúra
Deidades	Istenségek
Desastre	Katasztrófa
Fuerza	Erő
Guerrero	Harcos
Héroe	Hős
Laberinto	Labirintus
Leyenda	Legenda
Monstruo	Szörny
Mortal	Halandó
Rayo	Villám
Trueno	Mennydörgés
Venganza	Bosszú

Moda
Divat

Bordado	Hímzés
Botones	Gombok
Boutique	Butik
Caro	Drága
Elegante	Elegáns
Encaje	Csipke
Estilo	Stílus
Mediciones	Mérések
Minimalista	Minimalista
Moderno	Modern
Modesto	Szerény
Original	Eredeti
Patrón	Minta
Práctico	Gyakorlati
Ropa	Ruházat
Sencillo	Egyszerű
Sofisticado	Kifinomult
Tejido	Szövet
Tendencia	Irányzat
Textura	Textúra

Mueble
Bútor

Alfombra	Szőnyeg
Almohada	Párna
Armario	Armoire
Banco	Pad
Cama	Ágy
Cojines	Párnák
Colchón	Matrac
Cortinas	Függönyök
Cómoda	Komód
Edredones	Paplanok
Escritorio	Íróasztal
Espejo	Tükör
Estantería	Könyvespolc
Estantes	Polcok
Futón	Futon
Hamaca	Függőágy
Lámpara	Lámpa
Silla	Szék
Sillón	Fotel
Sofá	Kanapé

Música
Zene

Armonía	Harmónia
Armónico	Harmonikus
Álbum	Album
Balada	Ballada
Cantante	Énekes
Cantar	Énekel
Clásico	Klasszikus
Coro	Kórus
Grabación	Felvétel
Improvisar	Rögtönöz
Instrumento	Eszköz
Melodía	Dallam
Micrófono	Mikrofon
Musical	Zenei
Músico	Zenész
Ópera	Opera
Poético	Költői
Ritmo	Ritmus
Tempo	Tempó
Vocal	Ének

Naturaleza
Természet

Abejas	Méhek
Animales	Állatok
Ártico	Sarkvidéki
Belleza	Szépség
Bosque	Erdő
Desierto	Sivatag
Dinámico	Dinamikus
Erosión	Erózió
Follaje	Lombozat
Glaciar	Gleccser
Niebla	Köd
Nubes	Felhők
Pacífico	Békés
Refugio	Menedék
Río	Folyó
Salvaje	Vad
Santuario	Szentély
Sereno	Derűs
Tropical	Trópusi
Vital	Létfontosságú

Negocio
Üzleti

Carrera	Karrier
Costo	Költség
Descuento	Kedvezmény
Dinero	Pénz
Empleado	Alkalmazott
Empleador	Munkáltató
Empresa	Vállalat
Fábrica	Gyár
Finanzas	Pénzügy
Impuestos	Adók
Inversión	Beruházás
Mercancía	Áru
Moneda	Valuta
Oficina	Iroda
Personal	Személyzet
Presupuesto	Költségvetés
Tienda	Üzlet
Trabajo	Munka
Transacción	Tranzakció
Venta	Eladás

Nutrición
Teljesítmény

Amargo	Keserű
Apetito	Étvágy
Calidad	Minőség
Calorías	Kalória
Carbohidratos	Szénhidrátok
Cereales	Gabonafélék
Comestible	Ehető
Dieta	Diéta
Digestión	Emésztés
Fermentación	Erjesztés
Hábitos	Szokások
Nutriente	Tápanyag
Peso	Súly
Proteínas	Fehérjék
Sabor	Íz
Salsa	Szósz
Salud	Egészség
Saludable	Egészséges
Toxina	Toxin
Vitamina	Vitamin

Números
Számok

Catorce	Tizennégy
Cero	Nulla
Cinco	Öt
Cuatro	Négy
Decimal	Tizedes
Diecinueve	Tizenkilenc
Dieciocho	Tizennyolc
Dieciséis	Tizenhat
Diecisiete	Tizenhét
Diez	Tíz
Doce	Tizenkettő
Dos	Kettő
Nueve	Kilenc
Ocho	Nyolc
Quince	Tizenöt
Seis	Hat
Siete	Hét
Trece	Tizenhárom
Tres	Három
Veinte	Húsz

Océano
Óceán

Alga	Alga
Anguila	Angolna
Arrecife	Zátony
Atún	Tonhal
Ballena	Bálna
Barco	Hajó
Camarón	Garnélarák
Cangrejo	Rák
Coral	Korall
Delfín	Delfin
Esponja	Szivacs
Mareas	Árapály
Medusa	Medúza
Ostra	Osztriga
Pescado	Hal
Pulpo	Polip
Sal	Só
Tiburón	Cápa
Tormenta	Vihar
Tortuga	Teknős

Paisajes
Tájképek

Cascada	Vízesés
Cueva	Barlang
Desierto	Sivatag
Estuario	Torkolat
Géiser	Gejzír
Glaciar	Gleccser
Iceberg	Jéghegy
Isla	Sziget
Lago	Tó
Laguna	Lagúna
Mar	Tenger
Montaña	Hegy
Oasis	Oázis
Pantano	Mocsár
Península	Félsziget
Playa	Strand
Río	Folyó
Tundra	Tundra
Valle	Völgy
Volcán	Vulkán

Países #1
Országok #1

Alemania	Németország
Argentina	Argentína
Bélgica	Belgium
Brasil	Brazília
Canadá	Kanada
Ecuador	Ecuador
Egipto	Egyiptom
España	Spanyolország
Finlandia	Finnország
Honduras	Honduras
India	India
Italia	Olaszország
Libia	Líbia
Malí	Mali
Marruecos	Marokkó
Nicaragua	Nicaragua
Noruega	Norvégia
Panamá	Panama
Polonia	Lengyelország
Venezuela	Venezuela

Países #2
Országok #2

Albania	Albánia
Australia	Ausztrália
Austria	Ausztria
Dinamarca	Dánia
Etiopía	Etiópia
Francia	Franciaország
Grecia	Görögország
Indonesia	Indonézia
Irlanda	Írország
Jamaica	Jamaica
Japón	Japán
Laos	Laosz
México	Mexikó
Pakistán	Pakisztán
Portugal	Portugália
Rusia	Oroszország
Siria	Szíria
Sudán	Szudán
Ucrania	Ukrajna
Uganda	Uganda

Pájaros
Madarak

Avestruz	Strucc
Águila	Sas
Cigüeña	Gólya
Cisne	Hattyú
Cuco	Kakukk
Cuervo	Varjú
Flamenco	Flamingó
Ganso	Liba
Garza	Gém
Gaviota	Sirály
Gorrión	Veréb
Halcón	Sólyom
Huevo	Tojás
Loro	Papagáj
Paloma	Galamb
Pato	Kacsa
Pelícano	Pelikán
Pingüino	Pingvin
Pollo	Csirke
Tucán	Tukán

Plantas
Növények

Arbusto	Bokor
Árbol	Fa
Bambú	Bambusz
Baya	Bogyó
Bosque	Erdő
Botánica	Botanika
Cactus	Kaktusz
Fertilizante	Trágya
Flor	Virág
Flora	Növényvilág
Follaje	Lombozat
Frijol	Bab
Hiedra	Borostyán
Hierba	Fű
Hoja	Levél
Jardín	Kert
Musgo	Moha
Pétalo	Szirom
Raíz	Gyökér
Vegetación	Növényzet

Profesiones #1
Foglalkozások #1

Abogado	Ügyvéd
Astrónomo	Csillagász
Atleta	Atléta
Bailarín	Táncos
Banquero	Bankár
Bombero	Tűzoltó
Cartógrafo	Térképész
Cazador	Vadász
Científico	Tudós
Doctor	Orvos
Editor	Szerkesztő
Embajador	Nagykövet
Enfermera	Ápoló
Entrenador	Edző
Geólogo	Geológus
Joyero	Ékszerész
Músico	Zenész
Pianista	Zongorista
Psicólogo	Pszichológus
Veterinario	Állatorvos

Profesiones #2
Foglalkozások #2

Astronauta	Űrhajós
Bibliotecario	Könyvtáros
Biólogo	Biológus
Cirujano	Sebész
Dentista	Fogorvos
Detective	Nyomozó
Filósofo	Filozófus
Fotógrafo	Fotós
Ilustrador	Illusztrátor
Ingeniero	Mérnök
Inventor	Feltaláló
Investigador	Kutató
Jardinero	Kertész
Lingüista	Nyelvész
Médico	Orvos
Periodista	Újságíró
Piloto	Pilóta
Pintor	Festő
Profesor	Tanár
Zoólogo	Zoológus

Psicología
Pszichológia

Clínico	Klinikai
Cognición	Megismerés
Comportamiento	Viselkedés
Conflicto	Konfliktus
Ego	Én
Emociones	Érzelmek
Evaluación	Értékelés
Experiencias	Tapasztalatok
Ideas	Ötletek
Inconsciente	Eszméletlen
Infancia	Gyermekkor
Pensamientos	Gondolatok
Percepción	Észlelés
Personalidad	Személyiség
Problema	Probléma
Realidad	Valóság
Sensación	Szenzáció
Subconsciente	Tudatalatti
Sueños	Álmok
Terapia	Terápia

Química
Kémia

Alcalino	Lúgos
Ácido	Sav
Calor	Hő
Carbono	Szén
Catalizador	Katalizátor
Cloro	Klór
Electrón	Elektron
Enzima	Enzim
Gas	Gáz
Hidrógeno	Hidrogén
Ion	Ion
Líquido	Folyadék
Metales	Fémek
Molécula	Molekula
Nuclear	Nukleáris
Oxígeno	Oxigén
Peso	Súly
Reacción	Reakció
Sal	Só
Temperatura	Hőmérséklet

Restaurante #1
Étterem #1

Alergia	Allergia
Café	Kávé
Cajero	Pénztáros
Camarera	Pincérnő
Carne	Hús
Cocina	Konyha
Comer	Enni
Comida	Élelmiszer
Cuchillo	Kés
Ingredientes	Összetevők
Menú	Menü
Pan	Kenyér
Picante	Fűszeres
Plato	Tányér
Pollo	Csirke
Postre	Desszert
Reserva	Foglalás
Salsa	Szósz
Servilleta	Szalvéta
Tazón	Tál

Restaurante #2
Étterem #2

Agua	Víz
Almuerzo	Ebéd
Aperitivo	Előétel
Bebida	Ital
Camarero	Pincér
Cena	Vacsora
Cuchara	Kanál
Delicioso	Finom
Ensalada	Saláta
Especias	Fűszerek
Fruta	Gyümölcs
Hielo	Jég
Huevos	Tojás
Pastel	Torta
Pescado	Hal
Sal	Só
Silla	Szék
Sopa	Leves
Tenedor	Villa
Verduras	Zöldségek

Ropa
Ruházat

Abrigo	Kabát
Blusa	Blúz
Bufanda	Sál
Camisa	Ing
Chaqueta	Dzseki
Cinturón	Öv
Collar	Nyaklánc
Delantal	Kötény
Falda	Szoknya
Guantes	Kesztyű
Joyas	Ékszerek
Moda	Divat
Pantalones	Nadrág
Pijama	Pizsama
Pulsera	Karkötő
Sandalias	Szandál
Sombrero	Kalap
Suéter	Pulóver
Vestido	Ruha
Zapato	Cipő

Salud y Bienestar #1
Egészség és Wellness #1

Activo	Aktív
Altura	Magasság
Bacterias	Baktériumok
Clínica	Klinika
Doctor	Orvos
Farmacia	Gyógyszertár
Fractura	Törés
Hambre	Éhség
Hábito	Szokás
Hormonas	Hormonok
Huesos	Csontok
Medicina	Orvosság
Músculos	Izmok
Piel	Bőr
Postura	Testtartás
Reflejo	Reflex
Relajación	Kikapcsolódás
Terapia	Terápia
Tratamiento	Kezelés
Virus	Vírus

Salud y Bienestar #2
Egészség és Wellness #2

Alergia	Allergia
Anatomía	Anatómia
Apetito	Étvágy
Caloría	Kalória
Dieta	Diéta
Digestión	Emésztés
Energía	Energia
Enfermedad	Betegség
Estrés	Stressz
Genética	Genetika
Higiene	Higiénia
Hospital	Kórház
Infección	Fertőzés
Masaje	Masszázs
Nutrición	Táplálkozás
Peso	Súly
Recuperación	Felépülés
Saludable	Egészséges
Sangre	Vér
Vitamina	Vitamin

Suministros de Arte
Művészeti Kellékek

Aceite	Olaj
Acrílico	Akril
Acuarelas	Akvarellek
Agua	Víz
Arcilla	Agyag
Borrador	Radír
Caballete	Festőállvány
Cámara	Kamera
Cepillos	Ecsetek
Colores	Színek
Creatividad	Kreativitás
Ideas	Ötletek
Lápices	Ceruzák
Mesa	Asztal
Papel	Papír
Pasteles	Pasztell
Pegamento	Ragasztó
Pinturas	Festékek
Silla	Szék
Tinta	Tinta

Tiempo
Idő

Ahora	Most
Antes	Előtt
Anual	Éves
Año	Év
Ayer	Tegnap
Calendario	Naptár
Década	Évtized
Día	Nap
Futuro	Jövő
Hora	Óra
Hoy	Ma
Mañana	Reggel
Mediodía	Dél
Mes	Hónap
Minuto	Perc
Momento	Pillanat
Noche	Éjszaka
Semana	Hét
Siglo	Század
Temprano	Korai

Tipos de Cabello
Haj Típusok

Blanco	Fehér
Brillante	Fényes
Calvo	Kopasz
Corto	Rövid
Delgada	Vékony
Gris	Szürke
Grueso	Vastag
Largo	Hosszú
Marrón	Barna
Negro	Fekete
Ondulado	Hullámos
Plata	Ezüst
Rizado	Göndör
Rizos	Fürtök
Rubio	Szőke
Saludable	Egészséges
Seco	Száraz
Suave	Puha
Trenzado	Fonott
Trenzas	Zsinór

Universo
Világegyetem

Asteroide	Aszteroida
Astronomía	Csillagászat
Astrónomo	Csillagász
Atmósfera	Légkör
Celestial	Égi
Cielo	Ég
Cósmico	Kozmikus
Ecuador	Egyenlítő
Galaxia	Galaxis
Hemisferio	Félteke
Horizonte	Horizont
Latitud	Szélesség
Longitud	Hosszúság
Luna	Hold
Oscuridad	Sötétség
Órbita	Pálya
Solar	Nap
Solsticio	Napforduló
Telescopio	Távcső
Visible	Látható

Vacaciones #2
Nyaralás #2

Aeropuerto	Repülőtér
Carpa	Sátor
Extranjero	Külföldi
Fotos	Fotók
Hotel	Szálloda
Isla	Sziget
Mapa	Térkép
Mar	Tenger
Montañas	Hegyek
Ocio	Szabadidő
Pasaporte	Útlevél
Playa	Strand
Reservas	Foglalások
Restaurante	Étterem
Taxi	Taxi
Transporte	Szállítás
Tren	Vonat
Vacaciones	Nyaralás
Viaje	Utazás
Visa	Vízum

Vehículos
Járművek

Ambulancia	Mentőautó
Autobús	Busz
Avión	Repülőgép
Balsa	Tutaj
Barco	Hajó
Bicicleta	Kerékpár
Camión	Kamion
Caravana	Lakókocsi
Coche	Autó
Cohete	Rakéta
Ferry	Komp
Furgoneta	Furgon
Helicóptero	Helikopter
Metro	Metró
Motor	Motor
Neumáticos	Gumik
Scooter	Robogó
Taxi	Taxi
Tractor	Traktor
Tren	Vonat

Verduras
Zöldségfélék

Ajo	Fokhagyma
Alcachofa	Articsóka
Apio	Zeller
Berenjena	Padlizsán
Brócoli	Brokkoli
Calabaza	Tök
Cebolla	Hagyma
Ensalada	Saláta
Espinacas	Spenót
Guisante	Borsó
Jengibre	Gyömbér
Nabo	Fehérrépa
Oliva	Olajbogyó
Patata	Burgonya
Pepino	Uborka
Perejil	Petrezselyem
Rábano	Retek
Seta	Gomba
Tomate	Paradicsom
Zanahoria	Sárgarépa

Enhorabuena

Lo has conseguido!

Esperamos que hayas disfrutado de este libro tanto como nosotros al diseñarlo. Nos esforzamos por crear libros de la máxima calidad posible.
Esta edición está diseñada para proporcionar un aprendizaje inteligente, de calidad y divertido!

¿Te ha gustado este libro?

Una Petición Sencilla

Estos libros existen gracias a las reseñas que se publican.
¿Podrías ayudarnos dejando una reseña ahora?
Aquí tienes un breve enlace a la página de reseñas

BestBooksActivity.com/Opiniones50

¡DESAFÍO FINAL!

Reto n°1

¿Estás listo para tu juego gratis? Los utilizamos siempre, pero no son tan fáciles de encontrar. ¡Aquí están los **Sinónimos**!

Escribe 5 palabras que hayas encontrado en los rompecabezas (#21, #36, #76) y trata de encontrar 2 sinónimos para cada palabra.

Escriba 5 palabras del *Puzzle 21*

Palabras	Sinónimo 1	Sinónimo 2

Escriba 5 palabras del *Puzzle 36*

Palabras	Sinónimo 1	Sinónimo 2

Escriba 5 palabras del *Puzzle 76*

Palabras	Sinónimo 1	Sinónimo 2

Reto n°2

Ahora que te has calentado, escribe 5 palabras que hayas encontrado en los Puzzles 9, 17 y 25 e intenta encontrar 2 antónimos para cada palabra. ¿Cuántos puedes encontrar en 20 minutos?

Escriba 5 palabras del **Puzzle 9**

Palabras	Antónimo 1	Antónimo 2

Escriba 5 palabras del **Puzzle 17**

Palabras	Antónimo 1	Antónimo 2

Escriba 5 palabras del **Puzzle 25**

Palabras	Antónimo 1	Antónimo 2

Reto n°3

¡Genial! Este desafío final no es nada para ti.

¿Preparado para el reto final? Elige 10 palabras que hayas descubierto en los diferentes rompecabezas y escríbelas a continuación.

1.	6.
2.	7.
3.	8.
4.	9.
5.	10.

Ahora escribe un texto pensando en una persona, un animal o un lugar que te guste.

Puedes usar la última página de este libro como borrador.

Tu Composición:

CUADERNO DE NOTAS :

HASTA PRONTO !

Todo el Equipo

DESCUBRA JUEGOS GRATIS

GO

↓

BESTACTIVITYBOOKS.COM/FREEGAMES